JN077607

企業のための
インターンシップ
実施マニュアル

野村尚克・今永典秀 著

日本能率協会マネジメントセンター

はじめに

「インターンシップとは何だと思いますか？」。このように質問すると、様々な回答が寄せられます。

企業の多くは「採用活動の1つです」と答えます。売り手市場が続き、コストをかけて採用しても数年で退職してしまうような状況のなか、インターンシップに解決を求めているのでしょう。

大学は「実践的なキャリア教育の1つです」と答えます。大学改革が求められ、より実践的な学びが必要とされるなか、その解決策の1つとしてインターンシップを求めているのでしょう。

それでは学生はどう答えるでしょうか。最も多いのが「就職活動の1つだと思う」というものです。しかし、「インターンシップの“定義”に“就職活動”という言葉は含まれていないのですよ」と説明すると、とても驚かれます。

それでは、「インターンシップ」とは何なのでしょうか。

その答えを模索しながらも明示したのが本書です。本書は現代のインターンシップについて企業向けに書かれた初めての書籍であり、執筆にあたっては様々なチャレンジがありました。

日本でインターンシップを推進したのは行政・大学です。現在の文部科学省、厚生労働省、経済産業省の3省が1997年に合意文書を発表して以降、大学が積極的に推進してきました。大学の求めに応じた企業もインターンシップを受け入れましたが、大学とは別の、企業個別のインターンシップも増加。現在では様々なカタチのインターンシップが存在しています。

本来、企業の活動は自由に行われるべきものであり、どこかの組織や行政が一方的な制約やルールづくりなどを行うべきではありません。しかし、インターンシップが拡がるなかで大学側からは懸念や声明が発表されるなど、インターンシップの現場はいまでも混乱が続いています。そして、その終着はいまだに見えていない状況です。

インターシップは、見方を変えると企業と大学の協働（Collaboration）です。これは企業と非営利組織との共創（Co-creation）とも言え、私は長年この分野の仕事をしてきましたが、現場では異なる組織が連携することの難しさを嫌と言うほど体験してきました。そして、その一番の原因が、「自らの立場からでしか物事を考えられない」人や組織であり、「自分の意見が絶対的に正しい」と思う人たちの存在です。しかし、協働や共創を実現するためには、相手のことを理解することが必要で、共に理解し合う姿勢が求められます。それができないのであれば共創などせずに、単独で活動するしかありません。

このような企業と大学の共創が解決しないことで、最も被害を受けているのが学生です。「インターンシップとは何なのか」と尋ねても人や組織によって考え方は異なり、でも、「インターンシップは必要だ」と言われ、自身もそう感じており、何を信じてよいのかわからないまま、暗中模索のなか、いくつもの失敗をしながらインターンシップに参加しているのが現状です。

このような状況はどうすれば解決するのだろうかと悩んでいた時に出会ったのが、本書の共創執筆者（あえてこの言葉を使います）である今永典秀さんです。今永さんとは研究会を通じて出会いました。

私が新しいインターンシップのカタチについて発表したところ、とてもユニークな質問をしてきたのが今永さんでした。お話しをする中で企業・大学・学生の３者の違いをよく理解され、どうすれば３者がWin-Winになるのか、どこが３者の着地点かについてのご意見を聞くことができました。その視点は企業とNPOの協働を手がけてきた私も賛同できるものであり、その深い見識に驚いたほどでした。

本書は、企業向けの立場で書かれています。インターンシップに関する本は、大学向けや学生向けのものはたくさんあるのですが、企業向けの本、特に企業の立場を理解して書かれた本はほとんど見られません。しかし、インターンシップは共創ですから、企業向けであり、なおかつ企業の視点だけではなく、大学の視点だけのものでもなく、両者の違いをしっかりと明示した客観的な視点で書かれた本が必要なのです。そこで、本書ではそのような違いから書き出しています。

また、ビジネス本の多くは、とかく東京に本社のある大企業の活動を一般化して執筆されがちです。しかし、地方創生の時代にあっては、地域の個別性が重視され、多様な地域の状況も理解した上での解説が求められます。しかし、両者をカバーするのは難しく、それは企業と大学の両者の視点から解説することと同様にとても困難なものです。

そこで、本書を執筆するにあたって3者の違いを理解し、地方のこともよく理解されている今永さんにお声がけし、共創執筆することとなりました。

このほか、本書では、インターンシップを実施するにあたってのオリジナルの4つの視点「設計」「募集」「実施」「総括」と、15のポイント、15のワークシート、50のチェックリストを提示しています。ステップごとに検討を重ねることで、戦略と課題、インターンシップの内容が合致するようになっています。その上で学生に内容を伝えて、齟齬がないことを目指したものです。ポイントとチェックリストを明示することで、インターンシップの品質を担保できます。チェックリストがダウンロード可能なサイトも提示していますので、読者の皆さまが必要に応じて活用できるようにしています。

さて、冒頭に戻りますが、インターンシップとは何なのでしょうか。

既に自分なりの答えをお持ちの方は多いと思いますが、本書を読み進めるなかで変化が訪れると思います。そして、現状のままでは解決は難しく、学生はもちろんのこと、自社も大学も失敗を続けてしまう危機意識が生まれると思います。

それを解決するための方法も本書では明示しています。それはインターンシップの新しいガイドラインであり、インターンシップの新時代を共に創るものです。

本書を読まれた皆さんが共感し、自社の発展と学生の成長を、そして一緒に新しい時代を切り開いてくださることを願います。

野村尚克

目次――企業のためのインターンシップ実施マニュアル

Contents

第3章 学生・企業・大学にとってのインターンシップ

第4章 インターンシッププログラム作成シート

第5章 インターンシッププロジェクトの実際

第6章 新しい時代のインターンシップへ

ダウンロードサービスについて

本書の特典として、インターンシッププログラム作成シートとチェックリストを下記のサイトよりダウンロードできます。

▶ダウンロードサイト URL
https://www.jmam.co.jp/pub/2876.html

第 1 章

インターンシップをはじめるにあたって

1 インターンシップとは

インターンシップとは「学生が在学中に自らの専攻、将来のキャリアに関連した就業体験を行うこと」と定義されています。これは1997年に現在の文部科学省、厚生労働省、経済産業省の3省合意によって定義されたものですが、ここに就職活動が含まれていないことに特徴があります。

インターンシップに関わる組織や人は主に学生・企業・大学の3者であり、この3者が協働することで進められていますが、特に、大学・企業が求めるインターンシップ像には差があるのが実情です。

図表 1-1　インターシップのステークホルダー

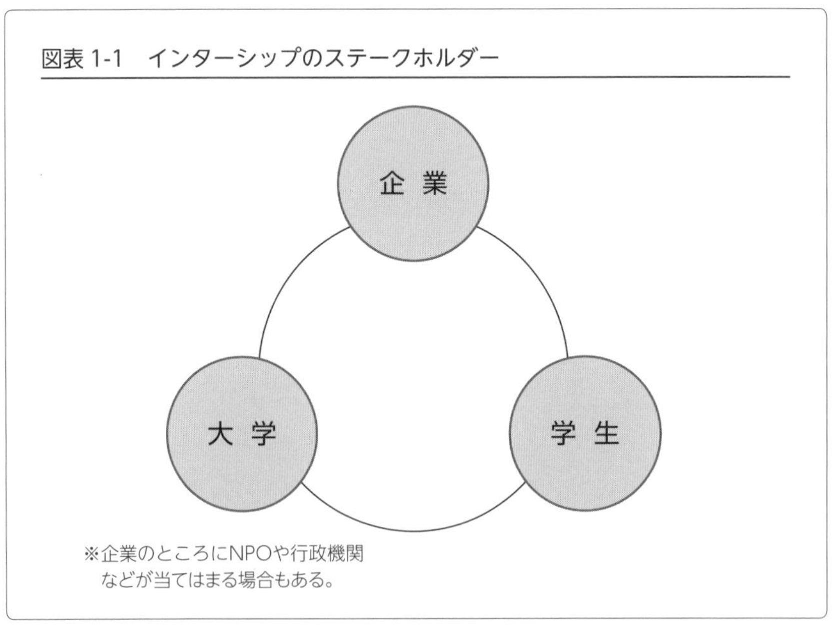

※企業のところにNPOや行政機関などが当てはまる場合もある。

2 大学の状況

インターンシップを推進してきたのは行政機関、そして賛同した大学などの教育機関です。日本では以前から教員や医師など特定の職業分野を目指す学生のインターンシップは行われていましたが、他の分野の職業ではあまり行われていませんでした。そんななか、就職氷河期から続く長い就職難の時代である1997年に3省（現在の文部科学省、厚生労働省、経済産業省）による「インターンシップの推進に当たっての基本的考え方」が公表されました。この考え方は現在でも多くの場面で参考にされています。

インターンシップをキャリア教育の一環として捉えた大学は素速く反応し、大学内のキャリアセンターや学部内で独自に進めるキャリアプログラムの1つとしてインターンシップを採用・活用しはじめました。

現在ではほとんどの大学でインターンシップが実施されています。その割合は学部では90.8%が実施し、88.6%が単位認定。短期大学では83.7%が実施し、80.7%が単位認定。そして高等専門学校では100%が実施し、100%が単位認定しています。このように、いまやインターンシップは単なる就業体験では終わらない大学の主要なカリキュラムとなっているのです。

図表 1-2　大学等におけるインターンシップ実施状況

調査内容
(1) 調査時期：令和2年3月～6月
(2) 調査対象：大学（786校（学部761校・大学院642校））、短期大学（326校）、高等専門学校（57校）
(3) 対象期間：令和元年度（平成31年4月1日～令和2年3月31日）
(4) 回 答 率：93.0%

学校種別		実施状況				（参考）平成29年度実施状況
			うち単位認定を行うインターンシップ			
				うち特定の資格取得に関係しないもの	うち特定の資格取得に関係するもの	
		実施校数（実施率）	実施校数（実施率）	実施校数（実施率）	実施校数（実施率）	実施校数（実施率）
大学	学部	691校（90.8%）	674校（88.6%）	547校（71.9%）	602校（79.1%）	551校（72.9%）
	大学院	298校（46.4%）	269校（41.9%）	171校（26.6%）	194校（30.2%）	174校（27.7%）
	小計	701校（89.2%）	686校（87.3%）	563校（71.6%）	604校（76.8%）	565校（72.4%）
短期大学		273校（83.7%）	263校（80.7%）	134校（41.1%）	216校（66.3%）	140校（41.5%）
高等専門学校		57校（100.0%）	57校（100.0%）	57校（100.0%）	1校（1.8%）	56校（98.2%）
合計		1,031校（88.2%）	1,006校（86.1%）	754校（64.5%）	821校（70.2%）	761校（64.8%）

出所：文部科学省「令和元年度大学等におけるインターンシップ実施状況について」

3 学生の状況

しかし、学生の行動を見ると少し違った状況が見えます。インターンシップへの参加率は学部生では25.7%、短期大学生では87.8%、高等専門学校生では18.3%となっており、学部生と高等専門学校生では学校の実施率に対する参加率がかなり低いことがわかります。

また、体験した学年と時期にも特徴があります。学部生の体験した学年を見ると、1年生7.8%、2年生14.0%、3年生40.4%、4年生28.7%、その他9.0%と、3年生～4年生に集中しています。

そして期間は1日1.7%、2日～1週間未満21.4%、1週間～2週間未満35.7%、2週間～3週間未満17.4%、3週間～1ヶ月未満10.8%、1ヶ月～2ヶ月未満4.6%、2ヶ月～3ヶ月未満3.4%、3ヶ月以上4.5%、不明0.5%と、1週間～2週間が最も多く、前後の2日～1週間未満、2週間から3週間未満も合わせると7割強の学生が3週間未満での体験をしていることが分かります。

つまり、参加者の多くは3年生～4年生の時に、3週間未満のインターンシップに多く参加しているのですが、ここからは、学生がインターンシップを就職活動の一環として捉えていることがうかがえます。

キャリア教育の一環として考えるならば、低学年から体験した方がよいですし、短期よりも長期の方がよいでしょう。また、社会を知ったり、働くことを知ったり、そして自身の適正を知るためにはできるだけ複数のインターンシップを体験した方がよいでしょう。しかし、実態はそうなっていないのです。

図表 1-3　参加学生数・参加率

学校種別		実施状況				（参考）平成29年度実施状況
			うち単位認定を行うインターンシップ			
				うち特定の資格取得に関係しないもの	うち特定の資格取得に関係するもの	
		参加学生数（参加率）	参加学生数（参加率）	参加学生数（参加率）	参加学生数（参加率）	参加学生数（参加率）
大学	学部	671,234人（25.7%）	621,202人（23.8%）	77,594人（3.0%）	543,608人（20.8%）	75,369人（2.9%）
	大学院	18,556人（7.3%）	13,442人（5.3%）	6,367人（2.5%）	7,075人（2.8%）	6,974人（2.8%）
	小計	689,790人（24.0%）	634,644人（22.1%）	83,961人（2.9%）	550,683人（19.2%）	82,343人（2.9%）
短期大学		97,760人（87.8%）	96,563人（86.7%）	7,471人（6.7%）	89,092人（80.0%）	6,536人（5.4%）
高等専門学校		10,454人（18.3%）	10,223人（17.9%）	10,193人（17.9%）	30人（0.1%）	10,127人（17.6%）
合計		798,004人（26.3%）	741,430人（24.4%）	101,625人（3.3%）	639,805人（21.1%）	99,006人（3.3%）

出所：文部科学省「令和元年度大学等におけるインターンシップ実施状況について」

図表 1-4　実施学年と実施期間（学部・学生）

学年	1年	2年	3年	4年	5年	6年	専攻科1年	専攻科2年	別科
体験学生数構成比	7.8%	14.0%	40.4%	28.7%	5.9%	2.9%	0.1%	0.0%	0.1%
うち特定の資格取得に関係しないもの	10.9%	24.2%	51.4%	8.6%	4.0%	0.6%	0.1%	0.0%	0.2%
うち特定の資格取得に関係するもの	7.4%	12.6%	38.8%	31.5%	6.2%	3.2%	0.1%	0.0%	0.1%

	1日	2日～1週間未満	1週間～2週間未満	2週間～3週間未満	3週間～1ヶ月未満	1ヶ月～2ヶ月未満	2ヶ月～3ヶ月未満	3ヶ月以上	不明・把握していない
体験学生数構成比	1.7%	21.4%	35.7%	17.4%	10.8%	4.6%	3.4%	4.5%	0.5%
うち特定の資格取得に関係しないもの	2.7%	35.0%	35.0%	11.1%	5.7%	2.3%	2.8%	4.5%	0.9%
うち特定の資格取得に関係するもの	1.6%	19.5%	35.8%	18.3%	11.5%	4.9%	3.5%	4.5%	0.4%

出所：文部科学省「令和元年度大学等におけるインターンシップ実施状況について」より抜粋

4 企業の状況

企業のインターンシップは近年盛んになってきました。その大きな背景にあるのは就職活動の多様化です。ここ数年は売手市場が続いており、企業も多様なアプローチで学生との接触を図っています。

民間の調査によると、新卒採用を行っている企業のうち、インターンシップを実施した企業は95.0%（2019年度）にも上ります。

また、種類もワンデーから２～3日間のものや1週間、そして1ヶ月以上のものまで多様です。このような展開は企業がインターンシップを行う目的によって変わりますが、主にワンデーは採用目的での企業説明会的なもの、2～3日間のものは企業説明会と課題解決学習（PBL）を組み合わせたもの、1週間以上のものになると実際に働くことを体験するものに分けられます。

図表 1-5　企業のインターンシップ実施の割合

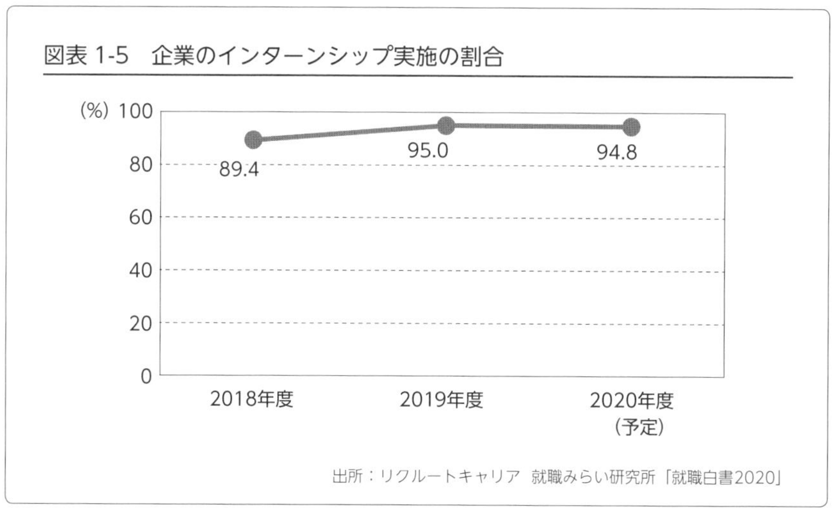

出所：リクルートキャリア 就職みらい研究所「就職白書2020」

5 インターンシップの意義

さて、インターンシップは行政や大学などが推進してきたことは述べましたが、その中で強調されるのが「インターンシップの意義」です。

1997年の3省による「インターンシップの推進に当たっての基本的考え方」では次のように記されています（2014年、2015年一部改正）。

〈インターンシップの意義〉

インターンシップは、学生を送り出す大学等、これを体験する学生、学生を受け入れる企業等それぞれにとって、様々な意義を有するものであり、それぞれの側において積極的に対応していくことが望まれる。

①大学等及び学生にとっての意義

○ **キャリア教育・専門教育としての意義**

大学におけるキャリア教育・専門教育を一層推進する観点から、インターンシップは有効な取組である。

○ **教育内容・方法の改善・充実**

アカデミックな教育研究と社会での実地の体験を結び付けることが可能となり、大学等における教育内容・方法の改善・充実につながる。また、学生の新たな学習意欲を喚起する契機となることも期待できる。

○ **高い職業意識の育成**

学生が自己の職業適性や将来設計について考える機会となり、主体的な職業選択や高い職業意識の育成が図られる。また、これにより、就職後の職場への適応力や定着率の向上にもつながる。

○ **自主性・独創性のある人材の育成**

企業等の現場において、企画提案や課題解決の実務を経験したり、就業体験を積み、専門分野における高度な知識・技術に触れながら実務能力を高めることは、課題解決・探求能力、実行力といった「社会人基礎力」や「基礎的・汎用的能力」などの社会人として必要な能力を高め、自主的に考え行動できる人材の育成にもつながる。また、企業等の現場において独創的な技術やノウハウ等がもたらすダイナミズムを目の当たりにすることにより、21世紀における新規産業の担い手となる独創性と未知の分野に挑戦する意欲を持った人材の育成にも資する。

② 企業等における意義

○ 実践的な人材の育成

インターンシップによって学生が得る成果は、就職後の企業等において実践的な能力として発揮されるものであり、インターンシップの普及は実社会への適応能力のより高い実践的な人材の育成につながる。

○ 大学等の教育への産業界等のニーズの反映

インターンシップの実施を通じて大学等と連携を図ることにより、大学等に新たな産業分野の動向を踏まえた産業界等のニーズを伝えることができ、大学等の教育にこれを反映させていくことにつながる。

○ 企業等に対する理解の促進、魅力発信

大学等と企業等の接点が増えることにより、相互の情報の発信・受信の促進につながり、企業等の実態について学生の理解を促す一つの契機になる。これについては、特に中小企業やベンチャー企業等にとって意義が大きいものと思われ、中小企業等の魅力発信としてもインターンシップは有益な取組である。さらに、インターンシップを通じて学生が各企業等の業態、業種又は業務内容についての理解を深めることによる就業希望の促進が可能となることや、受入企業等において若手人材の育成の効果が認められる。また、学生のアイディアを活かすような企業等以外の人材による新たな視点等の活用は企業等の活動におけるメリットにもつながる。これらの企業等の受入れの意義を大学等及び企業等において共有することが重要である。

読んでいただくとわかると思いますが、まずは「意義」という言葉が目につきます。「意義」とは「その事柄にふさわしい価値や重要性」といった意味ですが、主に教育現場やボランティア活動などで使われます。しかし、企業の活動に対しても使う場合があり、代表的なものに社会貢献活動があります。企業に直接的なメリットはないけれども、やって欲しいこととして行政やNPOなどが伝えるときに使われる印象です。

「企業等における意義」において優先的に挙げられたものは、学生と大学の活動です。そして企業へと続きますが、それも企業の実態について学生の理解を促すといったところから始まり、その後に「就業希望の促進が可能となる」と述べています。ここに企業が受け入れられない実状があります。

そもそも人材の育成は学生本人にとってのメリットであり、大学の活動は大学にとってのメリットです。つまり、これら2つの組織や人への貢献と負担を企業に求めていることになるのです。

本書を読まれている企業の方は、恐らく自社でのインターンシップの実施を考えていると思いますが、その第一に考えるメリットは「採用につながる」ということではないでしょうか。

大学は学費を受け取っていますので、学生をしっかりと教育する責任があります。しかし、企業はインターンシップの対価を受け取っておらず、ボランティア活動と言っても過言ではありません。見方によっては、まるで大学や行政が企業へボランティアを要求しているとも言えるため、ここに企業がインターンシップを進めていく上での最も大きな障害があります。

 CSRとしてのインターンシップは可能か？

それでは企業はインターンシップをどう受け入れればよいのでしょうか。これをCSR（企業の社会的責任）の領域から考えると、企業にはステークホルダー（利害関係者）が存在します。ステークホルダーは各々が企業への要望を持つため、企業はそれらにバランスよく応えることが必要です。ステークホルダーの中でインターンシップの受入れを求めやすいのは地域と行政でしょう。地域に密着した企業であればCSRの一環として受け入れることは他のステークホルダーからも理解が得られやすいと思います。ただし、ここで問題になるのが、相手は大学生であるということです。大学は義務教育ではありませんので、もし地域のために学生への教育をCSRで行おうと思っても、「それならば小学生や中学生を優先すべきではないか」との意見が現れる可能性があります。これに対して企業はどう答えるのでしょうか。

また、CSRとして行った場合は、「CSR部」が主に対応します。しかし、インターンシップの窓口の多くは人事部ですので、「なぜ社会貢献活動を人事部がやらなければならないのか」という問いにも答える必要があります。

図表 1-6　企業とステークホルダー

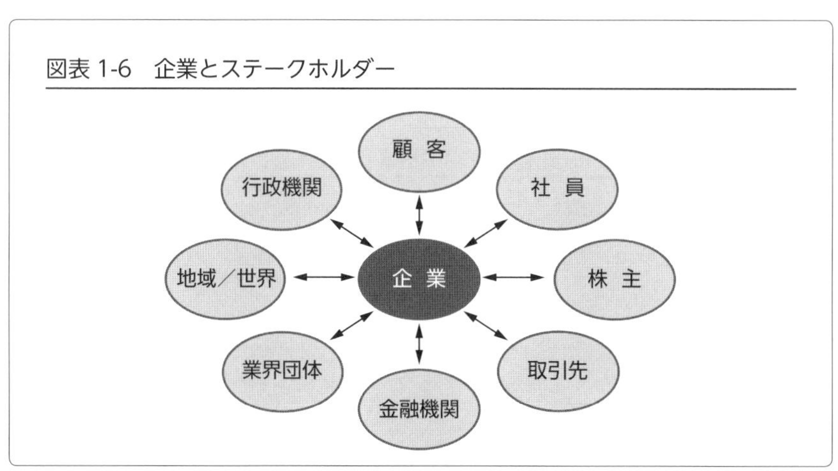

7 社会価値と経済価値の「共通価値の創造」がカギ

インターンシップをCSRとして受け入れるのが難しい場合は、別の説明が必要になります。そこで相性がよいのがCSVです。CSV（Creating Shared Value：共有価値の創造）は、ハーバード大学経営大学院教授のマイケル・ポーターらが提唱した概念です。これは従来のCSRが寄付や慈善活動といった企業本来の事業活動とは無関係でリターンを求めないものであるのに対して、CSVは企業の事業活動を通じて社会的課題に取り組み、「社会価値」と「経済価値」の両方を得るものです。

学生は未来の社会を担う存在です。インターンシップは学生の教育という社会全体で関わることが求められる課題を解決する手段の1つとも言えます。そこに企業として関わることで自社の利益も得る。その利益には企業の情報発信ができるという点もありますが、やはり最も企業のニーズは採用にあります。**「インターンシップを行うことで学生を育て、そして採用につなげる」**というのが最もシンプルかつ、ステークホルダーに理解されやすい説明になります。

もちろん、自社へのリターンを求めずにボランティアとして行う企業や、逆に採用のためだけに行うという企業もあるでしょう。しかし、インターンシップで絶対に外してはならないもの、それは「教育」を行うということです。

図表 1-7　CSV（Creating Shared Value：共有価値の創造）

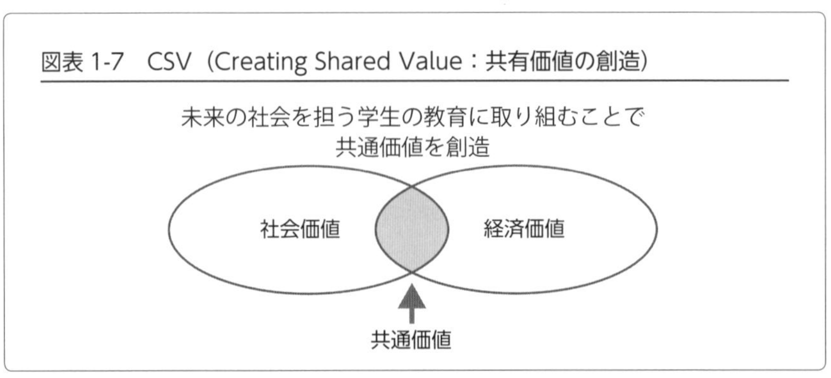

 絶対に外してはならないものは教育

現在のインターンシップの目的は採用や就業体験など様々な面がありますが、**絶対に外してはならないのが「教育」です**。学生はインターンシップを通じて学習しますので、どのような目的のプログラムを作ったとしても、それが教育につながることが必要です。逆に言えば、採用につながる活動としてインターンシップを行っても、それを体験した学生の教育につながっていればよいとも言えます。この見解は3省合意とは違いますが、現場で数々のインターンシップに携わった筆者の本音です。そして、これは企業にとっても大学にとっても受け入れられやすいもので、ここに次世代のインターンシップの新しい形があります。

また、このときに押さえておきたいのが論理の順番です。特にボランティアの世界などで言われることなのですが、日本人は動機をとても重視します。そしてなぜか動機が純粋だと結果が悪くても評価する。これはおかしなことですが日本社会の1つの特徴です。

わかりやすく説明すると「なぜそれをやるのか？」という問いに対する答えを用意しておくことです。例えば私が実際に体験してきた災害ボランティアの世界では、「被災地の復興のために無償のボランティアに参加する」が最も賛同されやすい考えですが、この考えのもとで長く参加できる人は限られます。すると現地では他の要素として「楽しんでもらう」といった表現も現れます。ところが、当然ここで「楽しいことを体験したくてボランティアに来た」と言うと、一般の人たちは怪訝な表情を浮かべます。しかし、現地で切迫した状況にある人は、どんな動機であっても来てくれることが助けになって嬉しい—これと似ています。

つまり、企業が採用のためにインターンシップをするのは差し支えないとしても、やるからにはきちんと教育はしてくださいね、というのがインターンシップをプロデュースしてきた筆者の本音です。より端的に言えば、動機よりも教育につながり、それが学生のためになるならばよいということです。

9 企業がインターンシップに求めるもの

インターンシップについては、経済界からも提言などがされています。経済同友会は2015年に「これからの企業・社会が求める人材像と大学への期待～個人の資質能力を高め、組織を活かした競争力向上～」を発表し、その中の1節で「企業と大学が協力すべきこと」としてインターンシップについて触れています。そこでは現状の課題を示した上で望ましい枠組みを提示しています。

これはとてもよくまとまっており、企業側と大学側の双方の課題にも言及するだけでなく将来的な就職につながることにも触れており、企業側の本音がうかがえます。

〈企業と大学が協力すべきこと〉

①インターンシップの強化・充実

●インターンシップの課題

職業観の醸成に向けてインターンシップへの関心が高まるなか、積極的に実施する大学、企業も増えているが、現状のインターンシップには多くの課題がある。

まず、大学が組織的に関わっている事例がまだ十分とは言えない。また、参加している学生は大学3年生、大学院修士1年生が中心であり、参加人数も不十分であることから、広がりがない。

さらに、企業も含めた課題としては、1週間程度のインターンシップが主で、期間が短いこと、企業の社内体制やプログラムの企画・立案が未整備であること、インターンシップ生に対する交通費、食費、宿泊費といった実費を除いた報酬の支給がないこと等が挙げられる。

●望ましいインターンシップの枠組み

企業、大学、学生にとって有益なインターンシップとするために、課題を踏まえて望ましいインターンシップの枠組みを提示したい（図表1-8）。

現状のインターンシップは、プログラム開発を企業に全面的に委ねたものが多く、企業にとって大きな負担にもなっている。大学生の約7割が企業等に就職することや、インターンシップの教育効果に鑑みて、今後、大学主導のPBL（Project-Based-Learning）型のプログラム開発を増やしていく必要がある。その際には、事前学習、事後学習も含めた総合的なプログラム開発が不可欠となる。

学生が気づきを得て、その後の教育効果を高めるためには、長期のインターンシップ（最低でも1ヵ月以上）や大学での単位化が有効であり、学部1、2年生からインターンシップに参加することが望ましい。こうして複数回のインターンシップに参加すれば、仕事についての理解が深まり、自らの職業適性をある程度見極めることができ、有意義な職業選択につながるはずである。そのためには、専門人材・支援体制の充実も必要であるが、何より理事長・学長のリーダーシップを原動力とする全学的なインターンシップ推進が欠かせない。

また、現状では実費以外の報酬がないインターンシップが多いが、企業もインターンシップ生をお客様扱いせず、やりがいと責任感、緊張感を持って職務を担当させるために、相応の報酬を支払うインターンシップを増やしていくべきである。

一方で、インターンシップの裾野を広げる意味では、長期的にインターンシップ生を受け入れる余裕がない中小企業や、インターンシッ

図表 1-8　インターンシップの課題と望ましい枠組み

課題	→	望ましい枠組み
● 大学の組織的な関与が少ない ● 企業側の体制、プログラム企画・立案が未整備		● 大学での支援体制整備 ● 大学が関与する形でのプログラム開発 ● 教員の関与によるPBLの実践 ● 大学でのより一層の単位化
● 期間が短い（1週間程度が主）		● 長期化（1ヵ月以上）
● 大学3年生、修士1年生の参加が主で参加者が少ない		● 学部1、2年生からの早期参加により、裾野を広げるとともに、その後の学びに生かす
● 報酬の支給がない		● 報酬の支給（実費の支給は必須）

プの受入れ母体となる企業が少ない地方にも配慮する等、様々な事情に応じて、ある程度柔軟な運用が期待される。まずは、学生が仕事を通じて実社会を体験し、職業観を育み、自らのキャリアデザインを描けるように、参加する企業、大学の数を増やし、学生が成長する機会を拡充することが重要である。

また、現状ではインターンシップと採用活動は切り離して運用されているが、インターンシップを通じて、学生、企業双方の理解が深まり、それが結果的に就職につながることも、将来的には認知されるべきであろう。

（出所）経済同友会『これからの企業・社会が求める人材像と大学への期待～個人の資質能力を高め、組織を活かした競争力の向上』2015年4月2日

10 学生の本音

ここまでインターンシップを行う企業や大学について書いてきましたが、インターンシップで最も尊重しなければならないのは学生のはずです。学生がインターンシップに求めるものは何でしょうか。様々な調査を見ると最も多いのは「就職につながること」です。つまり、学生は大学側が求める教育ではなく、大学がまだ容認していない就職活動の一環としてインターンシップを求めているのです。ここに大学と学生の意識にギャップがあります。つまり、大学は学生の意見を代弁しているのではなく、大学が思う教育を企業側に求めていると言えるでしょう。

では、学生のニーズにそのまま答えることがよいことなのでしょうか。それは違います。学生のなかにはインターンシップを通じて自分の適性や仕事を知るべく、複数のインターンシップを体験している人がいます。また、学生は教育については楽を求める傾向にありますが、それがよい教育になるとは言えません。そのようななか、企業はどうすればよいのでしょうか。どこが着地点でしょうか。それが先に述べた、「教育を外さない」ということです。その上で採用や他のことを行えばよいのです。

図表 1-9　インターンシップの中心と周辺

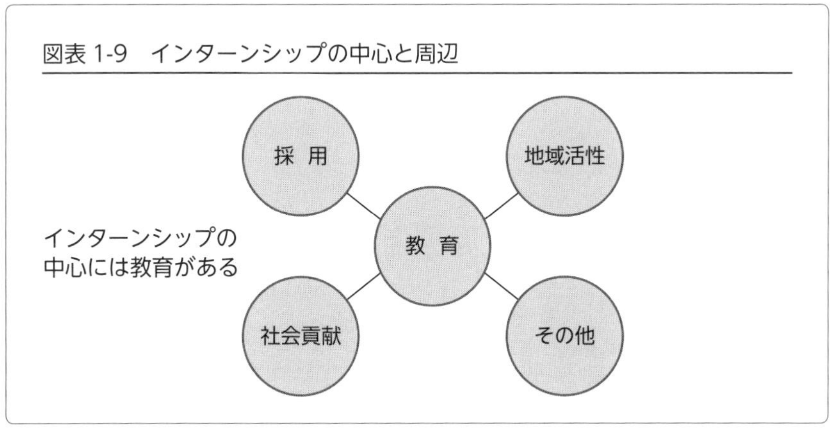

コラム 1

企業内でのインターンシップの専門人材

企業で、インターンシップのプロフェッショナルのポジションはあるのでしょうか。「インターンシップ部」や「インターンシップ課」といった専属部署は、一般的には市民権は得ていないように感じます。インターンシップの熟練度が高い人はたくさんいると思いますが、インターンシップだけを専門業務にする人は少なく採用活動や人材育成などの業務と兼務することが多いのではないでしょうか。

ここで、インターンシップには、どんな人材が好ましいのか考えてみます。年齢は学生に近い人材であれば学生の価値観や行動様式が理解でき、好感度が上がるかもしれません。若者言葉や、LINEのコミュニケーションも理解できるでしょう。一方で、ベテランの担当者の方の言葉の説得力も欠かせません。学生が会社で働くことを知りたい場合は、他部署の経験や、仕事内容の詳細を伝えられた方が適任かもしれません。また、社会で働くことを知りたい場合は、転職経験や出向経験や、他企業の情報を有することも重宝されます。

企業の理念やビジョン、戦略を語ることができる経営者やそれに近いポジションの方が学生に与えるインパクトは大きいでしょうが、学生に対してきめ細やかにサポートするのは、多忙ななかでは現実的に困難な場合が多いことが想定されます。

業務経験を有しながら、社内や社外の状況も理解しながら、学生の目線で接することができること。つまり、ベテランと若手の融合が求められます。1人2役はできないので、社内や、時には社外とも連携して、協力しながらチーム一丸となって取り組むことがよりよいインターンシップの実現には重要かもしれません。

第2章

インターンシッププログラムの基本

学生A君のエピソード

周りの友人もインターンシップに参加しているし、とりあえずインターンシップに参加しようか、いやしなければならない。どれがいいのかわからないや。とりあえず空いている日程で申し込もう。
→大手就職サイトのインターンシップ募集のページで適当にボタンを押す。終了後の学生のコメントとしてこんな発言が。
「あのインターンシップは最悪だ。学生の気持ちを考えずいきなりワークショップがはじまる。参加大学生は意識高い系で、いっぱい発言するし、何も喋れなかった。行かなきゃよかった。もうインターンシップは無理。トラウマ。あの企業はおすすめしないよ。」
(※なお、HPにはワークショップ形式で実践的な内容だと記載されている)

学生Bさんのエピソード

参加したら、会社説明がはじまり、いきなり人事面談で根掘り葉掘り自分のことを聞かれた。アドバイスをくれるつもりかもしれないけど、なんか高圧的で説教されている感じで嫌だった。学生の情報をとるだけ取ろうと考えているかもしれない。途中から喋るのをやめた。
(※なお、他の参加学生は満足度も高く、HPには採用に関係なく、キャリア相談をじっくりしますと記載がされている)

学生Cさんのエピソード

インターンシップが選考を兼ねるのは当然である。気合を入れて準備したのに、第一志望で行きたいところは参加できなかった。ショックすぎてもう動けない。第二志望の企業には参加したけど、全然活躍できなかった。もう無理だ。この企業に身を捧げたいと夢にまで見たのに。私の20年間が終わった。明日から大学をサボって山に行こう。
(※なお、Cさんは大学二年生の夏休み。企業の案内は、低年次向けのインターンシップ、採用は無関係、先着順と書いてある)

これらのエピソードは、筆者が学生と接する中で出た声の一部を加工したものです。エピソードの原因は企業側にあるわけではなく、多くの場合、学生の思い込みや誤認識ですが、就職活動やインターンシップに関する情報に乏しいために生じるケースが多いと考えられます。企業の方の中には、もしかしたら心当たりを感じる方もいるかもしれません。

学生は、社会人の常識から考えると、好き勝手な発言をすることがあります。企業の方は昔を思い出すと、学生時代には同じようなことを考えていたかもしれません。学生は自由気ままに発言しますので、目的があいまいな状態でインターンシップを実施してしまうと、誤解を生み、企業の意図しないことが伝わってしまう危険性があります。

さて、それぞれの学生のコメントを見ていきましょう。学生に社会や業界・企業、社会人の実態を知ってもらいという趣旨で行われるのであれば、A君は満足したかもしれません。実際にA君が参加したインターンシップは、他の学生にとっては、有益な内容であった可能性も考えられます。

また、Bさんのインターンシップについても、企業を深く知ることが目的で、自己分析を深めたい学生にとっては、有益な内容です。企業の担当者と深く話ができ、きめ細やかな対応に喜びを感じる学生もいたでしょう。

さらに、Cさんは、気合が入りすぎて思い込みがあるがゆえに、視野が狭くなってしまっています。企業側が選考ではなく低学年向けに対応しているのに、思い込みから、行動しないことまで決めつけてしまっています。

どれだけ工夫しても、一定割合は企業が意図しない結果を生じる可能性はあります。これらの勘違いや、企業が意図しない結果を減らすためには、インターンシップそのものの理解と、インターンシップ設計プロセスに関する知識が必要です。理解を深め、参加する学生が満足する内容のインターンシップが実施できるよう準備を進めましょう。

1　インターンシップの位置づけ

(1) 社会の動向

企業が社会に対して果たす役割が変化しています。企業は自社の経済的な利益に加えて、社会的責任を果たすことが求められるようになっています。「CSR活動」と呼ばれる企業が社会的責任を果たすことに加え、社会課題を解決することで社会価値と経済価値の双方を実現する「CSV経営」が浸透しています。さらに、2030年までに国際社会が達成すべき17の目標を掲げたSDGs（持続可能な開発目標）の推進が日本企業でも広がっています。

企業が置かれる環境や企業活動のあり方の変化と同様に、働く個人の環境や働く価値観も変化しています。情報技術革新や第四次産業革命によるデジタル技術の進化によって、今までは人間が行っていた仕事がAI・機械に代替されることも予測されます。「付加価値がある」と認められていた仕事が消滅する日がやってくるかもしれません。このような変化のなかでは、働く場所や自らのスキルの向上を重視する人が増加することが考えられます。

今までの日本企業は、終身雇用を前提とし、会社と個人の相性や学歴・ポテンシャル・基礎学力などを重視し、入社後にOJTなどによる教育やジョブローテーションを経て、会社内でのノウハウや社内人脈を身につけ、年功序列で昇格・昇給する「メンバーシップ型」の雇用を前提に採用を実施してきました。

ところが、いまや日本型の人材育成の制度は変化を遂げようとしています。定年まで勤めあげる終身雇用が不可能になると、活用できるスキルを身につけたり、スキルを求めて転職を重ねたり、働きながら兼業・副業などを実現したり、起業する人が増え、その結果、「ジョブ型雇用」と呼ばれる特定の知識・技能・技術を有する人材として採用され、入社後も特定の職務でスキルを高め、その道のスペシャリストとして自律的なキャリアを歩み、社内外で活躍する人材も増えることが予測されます。多くの若者たちも、大学で専門性を身につけることをより重視する可能性があります。大学時代に経験とスキルを身につけ、さらに経験を積みあげて、スキルを活かして活躍・成長したいと考える人が増えるでしょう。そのためには、早期の段階でのインターンシップや、実践的なスキルが身につくインターンシップが求められます。

(2) 企業におけるインターンシップ

企業にとってインターンシップは、学生との接点を持つ観点で、採用をイメージすることが中心になります。一方で大学は高等教育機関であり、学生に対する「教育」を中心に考えます。インターンシップは、キャリアセンターなどの窓口が企業の仲介を行う場合や、学生が自由応募し所定のルールに基づいて報告書類などを提出することで単位化する場合や、専門家による講義がある場合や、第三者のコーディネート機関に依頼する場合など様々なスタイルで実施されています。インターンシップに注力する大学は、専任の教員やキャリアセンターや地域連携専門の部署や職員、コーディネーターを配置して、企業と密接なコミュニケーションを実施しています。

ところで、インターンシップの主役は学生であるべきだと考えます。本書は企業向けのインターンシップ実施マニュアルではありますが、**学生に評価されるよいインターンシップはどのような点に留意すればよいか**を、様々な角度から総合的に示唆します。ただし、このような企業視点の書籍はこれまでにほとんどありませんでした。本書で実施プロセスを重点的に示すことで、**企業が実施するインターンシップの品質を高めることに貢献したい**と考えています。学生が成長するインターンシッププログラムが増えることで、社会全体の発展に貢献できれば嬉しく思いますし、学生がよいインターンシップに参加して将来企業で働くことに希望や目標を持ち、学生生活を充実させることに繋がり、好きな企業に入社したいと思う学生が増えると嬉しく思います。

2 インターンシップ担当者に求められるもの

中小企業の場合、インターンシップを社長などの経営陣が担当することもありますが、一般的には、人事部が担当することが多いと思います。そこで、インターンシップを担当する場合に求められるものを説明します。担当者は、参加学生にとってはファーストコンタクトの相手になりますので、企業担当者の何気ない発言や接し方が、会社のイメージとして伝わる可能性があります。杓子定規な対応や硬すぎる対応では、学生に緊張感を与えてしまう危険性もあります。一方で、学生との距離感を縮めるためとはいえお友達のようなフランクな対応をすると、企業ブランドを損ねる危険性があります。コミュニケーションや印象は特に難しいデリケートな部分ですが、それ以外の観点で担当者に求められるものを以下で紹介します。

(1) インターンシッププログラムの構築の知識/スキル

インターンシップ担当者は、社内の状況を把握し、企業を取り巻く環境や、企業内部の課題を理解することが必要です。また、人事に関連した組織課題や、人事戦略・採用戦略・育成計画を踏まえ、周辺領域や全社戦略を理解することも必要です。こうした理解はインターンシップの実施の際には、プログラムの作成のために必要となります。また、学生からも上記の質問に的確に応答することが求められます。さらに、学生のニーズや課題を、現在の学生の状況を踏まえながら、プロジェクトを企画立案し、学生に対して発信する必要もあります。戦略を理解することから、企画立案力など、幅広いスキルが求められます。

(2) インターンシップの実践力

次に、インターンシッププログラムに必要な実践力を検討します。人事担当者は、学生と直接接触することになります。学生の状況や理解度を踏まえつつ、自社の魅力を伝え、興味を惹くことが大切です。もちろん、学生から寄せられる様々な質問に対して、わかりやすく、丁寧に、的確に説明するプレゼン能力やコミュニケーション能力も求められます。 インターンシップをより充実した内容にするためには、人事担当者以外に、関係する部署との連携や、経営者や部長などの上層部との連携や理解が必要になります。インターンシップの目的を関係者にきちんと共有し、社内の協力体制を構築することが重要です。日常から社内の関係部署の課題や未来に向けた取り組みを把握し、部署の特徴や働く人の状況を把握できていれば、自分の言葉で説得力をもって実態をわかりやすくリアルな姿で伝えることが可能になります。その結果、学生の自社の理解度が上がり、好感度が上がることにつながります。

(3) 他企業や大学との連携

社外の企業のインターンシップ担当者との情報交換も重要です。インターンシップは企業ごとの個別性が強く、成功事例や失敗事例などが世のなかに出にくいため、同業や地域の集まりなどで情報交換をしたり、勉強会などを開催したりすることは有益です。よいインターンシッププログラムを構築するための勉強会や、学生の理解を高めるための機会は有用で、就職支援企業や、自治体、地域の協議会なども実施することがあります。また、大学との連携も有効に機能する場合もあります。近年、大学で単位化するインターンシッププログラムが増えています。これに参加することにより、インターンシップに対する知見が集積され、学生と深く接点を持てる可能性もあります。学生と協働による成果や、広報効果、社会への貢献が期待できます。ただし、自社のインターンシップに参加した学生の個人情報の取扱いには留意が必要です。

3 企業にとってのインターンシップ

(1) 企業にとっての効果

企業にとってインターンシップは、学生に対するアプローチになることから、「採用」を意識することは自然です。インターンシップは、自社に合致する優秀な学生の採用につながることに加え、長期的な効果として、自社のブランド向上や、社内の活性化、自社の関係する社員の育成が期待されます。インターンシッププログラムそのものが、事業価値向上（ビジネス上の価値を生み出すこと）につながる場合もあります。

また、企業がインターンシップを通じて学生の理解を深めることによって、若者の価値観の理解力が向上します。結果として、採用活動の際の広報戦略・採用戦略につなげられます。

このように、様々な効果が考えられますが、企業にとってのインターンシップの効果を分類すると、①自社の採用、②学生の理解度向上・魅力発信、③自社の事業価値の実現、④社内の活性化・人材育成効果の4つの観点で整理できます。

①自社の採用

多くの企業は、採用を考慮してインターンシップを検討します。ただし、採用活動を早めた時期の前倒しだけの内容や、企業説明の焼き直しなどです。そうすると、世の中から学生の囲い込みや青田買いだと批判され、学生から煙たがられ、評判を落とす危険性があります。

低学年向けのインターンシッププログラムであれば、学生に合わせて、内容をつくることが必要になります。そして、インターンシップ参加学生が企業に内定する確率は2桁に届いていない状況ですので、この割合を高めることが、企業にとってもインターンシップに参加する学生にとっても有益です。

ただし、現状では、採用の直接効果ではなく、間接的な効果も含めてメリットがあると考え実施することが重要だと考えられます。そのために、自社で働くことの実態や、自社の社員の働く姿を深く認知させる工夫が必要です。

②学生の理解度向上・魅力発信

インターンシップを通じて、学生とのコミュニケーションを重ねることから、「学生の理解」や「自社の魅力を伝える」を効果として設定することもできます。自社の魅力を伝えるためには、想定ターゲットとなる学生に対する広報が必要になります。

学生の満足度が高い場合は、評判がよくなります。特に中小企業などでは、自社のファンとして今後も別のインターンシップへの参加や、アルバイトとして参加するケースも期待できます。個別の学生に対して中長期的な実践的なインターンシッププログラムの構築も可能かもしれません。さらには、学生が他の友人に口コミで広げることも期待でき、自社のブランド力の向上につながります。

よいインターンシップを実施することによって、自社が求めるよい学生が集まることが期待できます。学生からの不満の声や、要望を改善することで、オリジナルのインターンシッププログラムの実施につながると考えられます。よい学生がたくさん集まれば、結果として本採用が始まった時のエントリー数が増加し、自社にとって質の高い学生が集まり、採用活動の成功に繋がります。

③自社の事業価値の実現

インターンシッププログラムを実施し、学生のファンが増えることは、自社の経済的効果に繋がりますが、効果を定量的に測定することは困難です。企業によっては、経済的な効果があげられないと判断されると、インターンシップを辞めようと考えるかもしれません。

そこで、インターンシッププログラムを、企業には存在しない異なる属性の若者との協働プロジェクトと捉え、プロジェクトの実施に価値を実現させることが考えられます。実践型のインターンシッププログラムです。プログラム設計は、企業の課題・テーマの設定と、学生の理解度と、想定する参加学生と合致させることを検討します。比較的長期間で実施することで成果を実現できますが、一度に大人数の受け入れは困難で、企業側も負担が増加することに留意が必要です。

④社内の活性化・人材育成効果

中小企業において、若手社員などがインターンシッププロジェクトに関与することで、人材育成・研修効果が発揮されるケースもあります。また、企業規模に問わず、社外の存在である学生に対して、自社の魅力や、自分の仕事を語りますが、この語るプロセスや対話をするプロセスに価値があります。自分の勤めている会社や、今まで自分が実施してきた仕事について、客観的に見つめなおし、経験を棚卸する機会にもなるからです。また、実際に学生にしゃべる行為によって、改めて働くことの意義・意味を見つめなおすことにもつながり、学生のみならず、社員側にもメリットがあります。

このように、企業にとってインターンシップは様々な効果が期待できます。右図のインターンシップの好循環のモデルで示しましたが、魅力的なプログラムは、参加学生が満足することにつながります。参加学生が満足することは、関係する社員の満足度の向上にもつながる可能性が高く、また、学生の満足度が高いことで、企業のファンとなり応募につながる可能性や、友人などへの口コミでの評判向上につながる可能性があります。その結果、最終的には、採用に好影響を与えることができます。

図表 2-1　企業がインターンシップを実施する目的

1. 自社の採用
- 採用につながる（ただし、直接の実績は現状高くない）
- 広報活動の一環として、企業ブランドが向上し、間接的に採用につながる

2. 学生の理解度向上・魅力発信
- 若者の価値観・考えを知る
- 業界や自社の魅力を伝えられる

3. 自社の事業価値の実現
- インターンシップを通じた課題解決・事業価値の実現

4. 社内の活性化・人材育成効果
- 学生との協働プロジェクトによる社内活性化
- 関係する社員の育成効果

図表 2-2　インターンシップの好循環モデル

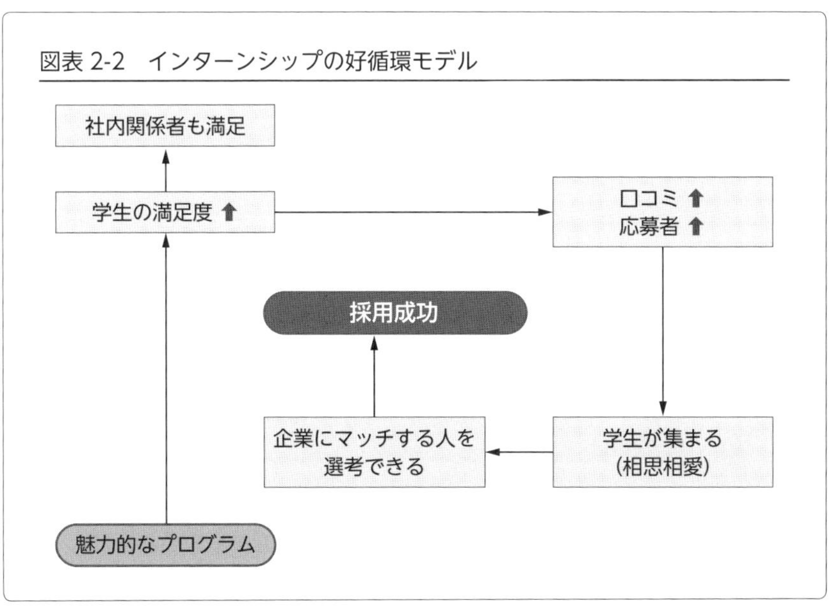

(2) インターンシップの内容・方法

企業がインターンシップを実施する場合、期間や時期によっても異なりますが、内容に応じて①仕事の説明、②業務補助・体験、③課題解決・実践の3つの観点で分類できます。

①仕事の説明

具体的には、社員による会社説明や、座談会形式での様々な部署の仕事や業界の理解、会社内の人事制度・職種などの理解や、体験ワークショップなどを通した理解の促進があります。

これらの内容は会社説明会やOB訪問などとして実施されていますが、これだけに注力して完結してしまうと、1 Dayインターンシップとして会社説明の前倒し、青田買いと言われてしまいますが、会社や社会で働く人を理解する観点では重要な基礎的な要素であり、業務補助・体験や課題解決・実践のプログラムに織り交ぜることが効果的です。

②業務補助・体験

実際に働く企業人と学生が一緒に実行可能な業務の実施や、疑似プロジェクト、ワークショップなどがあります。

ただし、いきなり実践することは、学生にとってはハードルが高い場合があります。社会人として働く場合も、新入社員であれ中途社員であれ当初は企業が研修を用意し、その研修で最低限の社会で働く基礎的なことや、会社のルールや状況をインプットして、所属先の部署で先輩社員やメンター役の人と一緒にOJTを通して一定期間一緒に業務を行うことが多いはずです。

いきなり学生が実践して成果を出すことは、困難だと思われます。むしろ、成果が出る学生であれば、インターンシップという就業体験ではなく、対価をもらうアルバイトや、コンサルティング費用を受け取るのが正しいと考えられます。

対価の関係性は、有償型インターンシップという形で実践されている

図表 2-3　インターンシップの内容と境界

1. 仕事の説明

- 社員の説明
- 社長の説明
- 座談会
- インタビュー
- 業界の説明
- 会社の説明
- 職種・業務の説明
- 工場などの見学
- ワークショップ

境界が曖昧　会社説明会？

2. 業務補助・体験

- 業務の疑似体験
- ジョブシャドーイング（仕事の観察）
- 体験
- 担当者の補助

境界が曖昧　アルバイト？

3. 課題解決・実践

- 社内の課題解決
- 新規事業立案
- 若手社員との協働プロジェクト
- 社長匿名プロジェクト
- 外部の調査

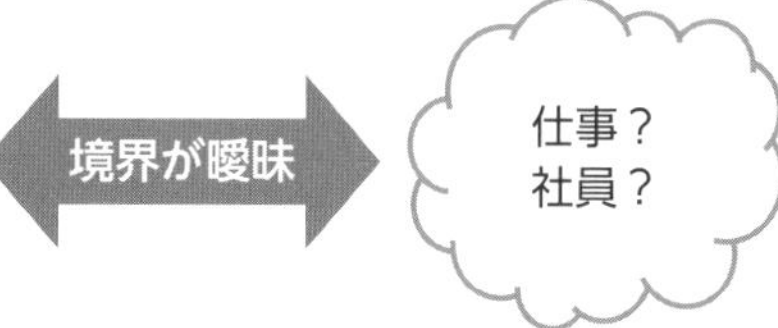

インターンシップとの境界が曖昧になりがち

インターンシップは、事前に意図をもって、
学生のために設計されたプロジェクト

ものがありますが、アルバイトとの線引きも難しい部分もあります。この金銭的な線引きに加え、企業側が意図せずに学生を労働力として活用する場合は問題が生じることがあります。意図しないプロジェクトでは、学生側も「使われている」と捉えて単なる労働力だと勘違いし、クレームにつながることもあります。

③課題解決・実践

社内の部署や担当者の課題を学生と協働で解決するものや、新規事業の企画立案、外部の調査分析などの様々なプロジェクトがあげられます。期間も様々で、数時間から半日程度のものや数ヶ月にわたるものもあります。内容は、社内に存在する課題の解決策を検討するものや、新規事業検討の調査企画を実施するもの、外部のデータ調査分析、社長や社員と一緒に特定のプロジェクトを実施するものなどです。

この場合、参加学生が有益なものであると納得した上で主体的に参加できることと、企業も参加学生と一緒にこのプロジェクトの成功に取り組める状況を作ることが重要です。この難しさやポイントはインターンシッププロジェクトシートを作成する中で触れたいと思います。

企業にとっては、課題解決・実践を通して成果を共有することができれば経済的価値が得られますが、成功しない場合であっても、学生との協働プロセスを可視化し、過程に価値を得られるような設計や学生・若者の理解促進を狙いとすることで、有意な効果を得ることが可能です。

インターンシップの内容は、1.仕事の説明、2.業務補助・体験、3.課題解決・実践などの観点で分類することができます。

注意が必要なのは、会社説明会や、アルバイト、社員の仕事などとの境界が曖昧になりがちな点です。インターンシップの実施が目的になると、大前提である教育の要素が崩れて、学生の不満につながりかねません。インターンシップは、学生のために事前に意図をもって設計されたプロジェクトであることが大切です。

図表 2-4　インターンシップの分類ごとの特徴

	日数	企業の効果	学生
1. 仕事の説明 ・社員の説明 ・社長の説明 ・座談会 ・インタビュー ・業界の説明 ・会社の説明 ・職種・業務の説明 ・工場などの見学 ・ワークショップ	1日程度から実施可能	採用・広報	学生の熟練度は問わない
2. 業務補助・体験 ・業務の疑似体験 ・ジョブシャドーイング（仕事の観察） ・体験 ・担当者の補助	数日から5日程度まで実施可能	採用・広報 若手育成など	学生の熟練度は問わない
3. 課題解決・実践 ・社内の課題解決 ・新規事業立案 ・若手社員との協働プロジェクト ・社長匿名プロジェクト ・外部の調査	PJ次第 5日程度から半年以上も可能	マッチングが重要 若手育成（社内研修） 自社の価値向上	学生にも覚悟・スキルが必要

(3) 企業が実施するインターンシップ

インターンシップを実施する場合、社内の状況・担当する人員・関係者の協力、予算などを考慮し、実施時期やターゲット学生への広報方法などを総合的に検討します。

「インターンシップ」と一言で言っても、前のページでも触れたように内容が多岐にわたります。本書は、企業にとって有益なプログラムの実施方法を検討する視点に立っています。それが、よいインターンだと考えています。そして、よいインターンシップを実現するための方法を検討します。よいインターンシップを通して、学生が企業や働くことを理解することで、学生自身の成長・学びの促進につながり、将来社会で活躍する人を増やし、社会全体に好影響を及ぼすことが期待されます。

インターンシップの目的は企業によって異なります。例えば、大企業と中小企業とでは、採用やインターンシップの目的や困りごとも異なることもしばしばです。具体的には、採用に関して応募者が殺到するタイプの企業と、学生の応募を推進する企業、自社の魅力や特徴が分かりやすい企業と、直接最終消費者と取引がない企業といったそれぞれの企業の目的や課題の違いを認識しながら、自社に合ったインターンシッププログラムを構築する必要があります。他社事例を参考に実施する企業が多いのではないかと推察されます。どの企業でもできるインターンシッププロジェクトもあるとは思いますが、それでいいやとなると他社と同じようになり、自社の魅力が学生に伝わらない危険性があります。差別化された独自のインターンシップを作ることを目指して取り組むことが必要です。

図表 2-5　千差万別のインターンシッププログラム：企業編

業種	製造業　サービス業　情報・IT　コンサル　他
×	
規模	大企業　中堅・中小企業　小企業
×	
タイプ	営利企業　非営利組織　自治体　各種団体　他
×	
内容	仕事の説明　業務補助・体験　課題解決・実践
×	
期間	半日　1日　数日　1週間程度　2週間程度　1か月以上

・
・
・

企業にとってインターンシップは多種多様なものとなる

(4) インターンシップの失敗（留意点）

企業は、学生が成長し、働くことを理解し、自社の理解が深まることなどを目指し、インターンシップに真剣に取り組みますが、頑張ったにもかかわらず学生に響かないこともあります。学生がインターンシップに不満足を覚える要因はどこにあるのでしょうか。

①学生の状況を踏まえた設計ができていない

担当者の想いが込められすぎると、参加学生のニーズ軽視につながる場合があります。また、プログラムにあれもこれも詰め込みすぎて、期限内に実現できないボリュームになることや、難易度が高すぎることも考えられます。結果、参加学生は疲弊して、途中でドロップアウトすると、企業イメージの悪化につながります。一方で、自由にしすぎて、学生が退屈な時間を費やす結果になることもあります。例えば、企業の情報を求める参加者が多いのにもかかわらず、自己分析などのキャリア教育に偏った内容を実施したり、学生が就職活動や企業研究が進んでいないのに、社員研修で行う実践的な内容を実施する場合などです。企業の状況を踏まえて、学生ニーズを想定したプロジェクト設計が大切です。

②内容と異なる募集

募集要項が作成されていない場合や、概要や目的が明記されていない場合は、想定する学生の参加が期待できません。ターゲット学生を明確にして、インターンシップの目的や内容を明らかにすることが重要です。

だれでも参加可能な状態は、自社が求めない層の学生の参加につながり、人数は多くても不満足な参加者が多くなる可能性があります。広報の手段が適切でない場合は、想定する学生に届かず、よいプログラムを作成しても学生が集まらないこともあります。一般的には、大手就職情報サイトでインターンシップも応募できますが、自社HPでも情報発信をする工夫が必要です。

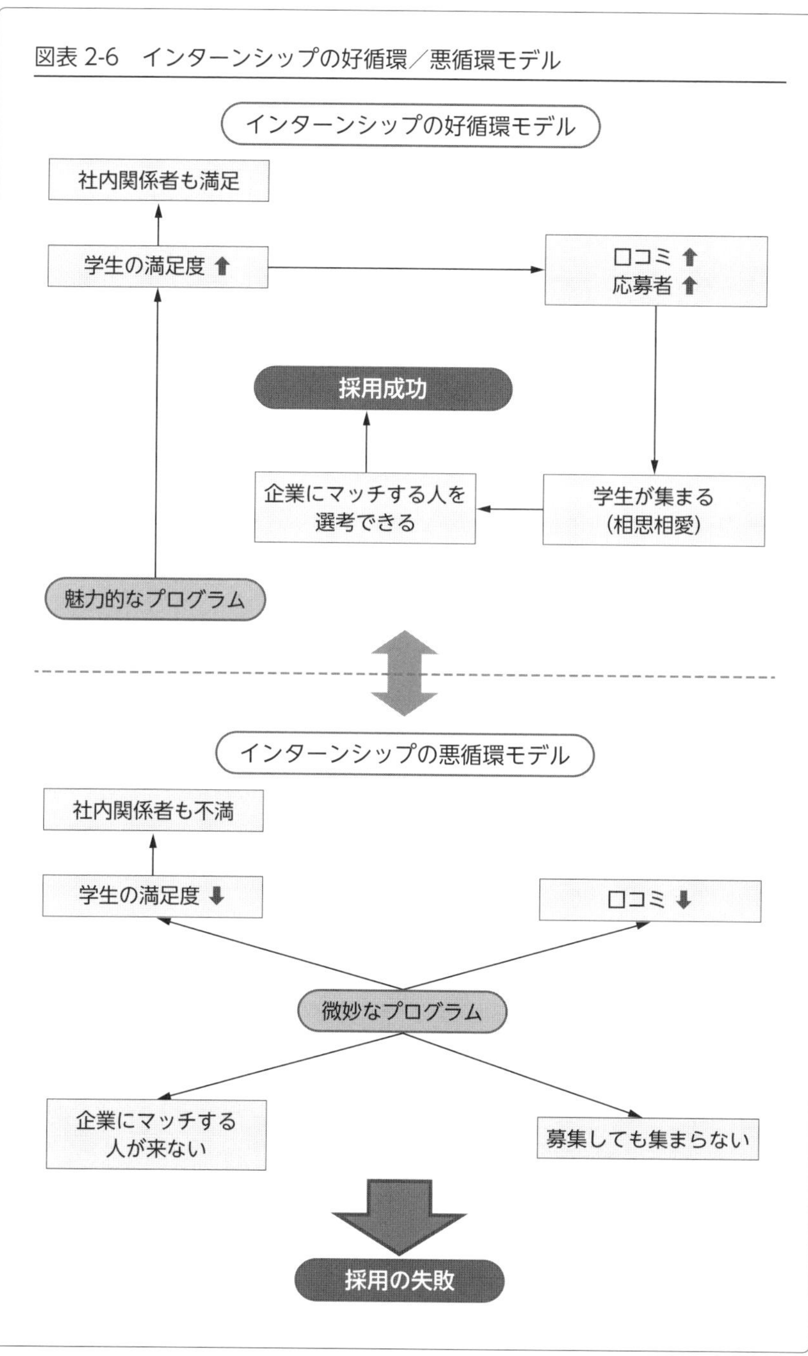
図表 2-6　インターンシップの好循環／悪循環モデル
インターンシップの好循環モデル
社内関係者も満足
学生の満足度 ⬆
口コミ ⬆
応募者 ⬆
採用成功
企業にマッチする人を
選考できる
学生が集まる
(相思相愛)
魅力的なプログラム
インターンシップの悪循環モデル
社内関係者も不満
学生の満足度 ⬇
口コミ ⬇
微妙なプログラム
企業にマッチする
人が来ない
募集しても集まらない
採用の失敗

③事前のすり合わせやシミュレーションの不備

関係者が複数存在する場合や、部署を超えて実施する場合には、意図や目的が伝わらない時があります。異なる説明や、他部署の話と齟齬があると、学生に不信感を与えてしまうこともあります。事前に意図のすりあわせや、実施マニュアルの作成と共有が求められます。

各プログラムの内容については、経験豊かな社員が実施する場合、大きな問題は起こりにくいです。それなのに問題がある場合は、設計時や、実施後に改善せずに放置していることが原因です。

ポイントは、学生がインターンシップに参加するマインドを実施前に高めることです。モチベーションを高く保った状態で参加できるように、イントロダクション・ガイダンスの工夫が大切です。インターンシップの難易度や、時間配分は改善を重ねて構築することで改良されていきます。何度かシミュレーションを事前に行い、実施後に振り返り、改善することが必要です。

④やりっぱなしで総括・改善が行われない

インターンシップの実施がゴールになると、人数集めに走る危険性があります。やりっぱなしでは、結果として、学生の母集団形成にも役立てず、採用にもつながりません。学生の実態把握だからといって、露骨に学生を面接し、根掘り葉掘り調査をしてしまっては、企業に対する印象悪化につながる危険性もあります。このようなヒアリングや調査は、インターンシップ参加学生ではなく、内定者や新卒社員に対して実施することが好ましいです。また、インターンシップに若手社員をプロジェクトメンバーとして参加させることも有益です。若い人の声を踏まえ、参加者の様子を観察し、感想やアンケートなどを振り返って、次回のインターンシップ時には改善を図ることが大切です。

コラム 2

インターンシップとアルバイトの線引き

インターンシップとアルバイトは何が違うのか、難しい点もあります。インターンシップよりもアルバイトの方がわかりやすいと思いますので、先にアルバイトを考えます。アルバイトは、企業などで、依頼事項・指示に基づき、実際に労働した対価として金銭報酬をもらいます。アルバイトでも教育効果は認められます。社会と接し、実際に業務を実施することもあります。インターンシップとアルバイトの違いは賃金を受け取るかどうかで考えるのでしょうか。しかし近年は、「有償型インターンシップ」が登場しております。そうすると、話はさらに複雑になります。

有償型インターンシップに対して、無償型インターンシップが存在することになります。そして、アルバイトと有償型インターンシップは何が違うのでしょうか。頭を悩ませます。

インターンシップは有償の方がよいのでしょうか。無償の方がよいのでしょうか。これはなんとも言えない部分もありますが、インターンシップで発生するお金について、例えば交通費や、食事代があります。業務体験の一環として交通費などの負担が発生した場合には、企業が負担することには納得感はあると思います。では、参加に関する交通費が支給されることはどうでしょう。アルバイトであれば交通費が支給されるケースもあります。しかし大学などに通学する時に通学代が支給される大学はほとんどありません。

また、困難なケースは、公共交通機関からのアクセスが悪い場合の対応はどうしましょうか。車訪問を認めるのか、送迎をするのか検討することになります。大学と協働で実施する場合は企業との合意事項になります。そして、企業が単独で募集する場合は、募集要項に説明を記載します。

次に、「有償型インターンシップ」で例えば、数万円を支給するので、1ヶ月間のインターンシップを募集するとしましょう。

「インターンシップなのにお金がもらえるなら、こちらの方がよい」と学生が飛びつくことも考えられます。しかしながら、実際に蓋を開けると、アルバイトと同じことをやらされ、募集がアルバイトよりも集まるからという理由で募集されている場合も存在します。ブラック企業、ブラックアルバイトですね。

そして、この場合を実際に企業で体験した時間と支給額を検討し、時給換算すると、最低賃金を下回るような水準も想定されます。教育効果が認められ、学生のことを思って実施するということであっても、留意が必要です。見た目では学生が判断するのは難しいからです。

通常のインターンシップの後や、内定者に対して、アルバイトや有償型インターンを提案することもあると思います。この点は双方が合意すれば実施することになると思いますが、ただし、踏み絵にならないようにしなければいけません。つまり、インターンシップに来ることを入社の条件や採用活動の始まりと位置づけ、圧倒的な力関係を背景に、学生を働かせることです。有償の場合は、企業側と学生の力関係に留意が必要です。

インターンシップには、意図を持って設計し、教育効果が認められることが大前提になります。その点がアルバイトとの大きな違いになるのではないでしょうか。

よく大学の先生のところに、アルバイトの感覚で、「インターンシップ先を紹介してください」というお願いがきます。中身に問題がなければよいのですが、実際には、ブラックアルバイトだったケースも存在します。学外で任せっきりになってしまうことを怖がるのもわかる気がしますね。

しかしながら、有償の可否は難しい部分もありますが、インターンシップには、その間アルバイトをできない学生のことも考えると、期間分を補填してあげる仕組みは有益だとも考えられます。学生がインターンシップに参加できる環境を作るために、大学と連携した取り組みや、地域の団体と協力して、有償型を普及させる取り組みは、参加する学生にとっても安心感をもたらすものとなるでしょう。

第 3 章

学生・企業・大学にとっての インターンシップ

1 学生にとってのインターンシップ

前の章で企業にとってのインターンシップについて解説しましたが、本章ではまず、学生にとってのインターンシップから解説します。日本のインターンシップは、大学側の教育視点から議論が盛んになり、浸透してきました。定義に、「在学中」「就業体験」「将来のキャリア」などのキーワードが含まれていることからも、大学視点で、学生が企業等での就業活動に参加することが読み取れます。学生が、大学における学修意欲などを向上させるために、学外の経験を通して、将来のキャリアイメージを明確にし、自分の専攻と重ね合わせることが理想とされています。

(1) 学生にとってのインターンシップニーズ

インターンシップの目的を学生のニーズから説明します。学生も様々です。大学入学時点で将来のことを考えるのはどんな学生でしょうか。志望した学部や、大学院、専門学校に入学した学生は、業種や方向性が明確な可能性が高いことが推察されます。ただし、高校生までの段階で、企業と接触することは昔と比べると増えていますが、社会の状況や企業で働く実態を明確に認識するケースは多くありません。業界や社会を理解した上で、優先順位を明確にして、自分の志向や特徴と照らし合わせ決断する学生は少人数です。大学生になってから、専門的な学習や、大学外でのアルバイトや部活動・サークルなどの活動や、趣味の時間などを通して、社会のことを知り、自分自身の能力を高め、そのプロセスを通じて自己理解を深めることになります。そのプロセスを経て、自分自身の将来像は少しずつ固まるものです。つまり、大学入学時点では学生が働くことをイメージすることは多くない状況です。さらに、世の中の状況に関する理解や、就業感や企業に関する先入観も大きく、実態を知る人も多くないと考えられます。

(2) 学年ごとのニーズ

次に、学生一人ひとり事情は異なりますが、学年ごとのステージにおける大学生のニーズ・悩み事を説明します。

大学1年生は、大学に入学すると、学生生活を様々な選択肢のなかから選ぶことができます。部活やサークル、留学など何をやっていいのかまったくわからず、将来のことも含めて考える状況の学生も多いことが想定されます。高校生の間には社会との接点は多くなく、親と学校の先生が社会 人との接点の中心です。企業で働くことや、インターンシップというよりは、企業で働く人がどんな人たちで、社会とは何か？という情報を得るニーズがあります。

大学2年生は、就職活動を本格化するまで、企業の情報や将来のやりたいことはぼんやりしているものの、将来働くことや、就職活動が目先に控えてきて、そのために自分自身で何がやりたいのかを考えたり、就職活動を勝ち抜くために経験を高めたり、能力向上ニーズがあります。

大学3年生は、就職活動を控えて採用に対するウェイトが高くなります。就職活動の準備として、「企業で具体的に自分がどのように働くか」、志望動機を検討する時期に入ると考えるとわかりやすいと思います。企業の具体的な業務が何かを理解し、働くイメージができるかという点を意識しています。就職活動時期が迫った学生にとっては、実践的な内容や、学生自身が社会に出て活躍できる力（エンプロイヤビリティ）を身につけたいといった希望があります。

就職活動を終えた大学4年生は、就職する前に、社会で働くために必要なスキルを身につけたいという希望や、働く前に自分の力試しや、将来活躍するために実力を高めたいといった希望があります。

前の章で企業にとってのインターンシップが細分化されていると述べましたが、このように学生にとっても同様です。学生は学年ごとでニーズが異なり、また個別の学生によって学部や専攻も異なります。アルバイトの経験の有無や、社会人との接点の有無、インターンシップ経験の有無、将来のキャリアイメージなどによってもまったく異なります。

図表 3-1　千差万別のインターンシッププログラム：学生編

対 象	1年生　2年生　3年生　4年生　大学院生

目 的	働くを知る　社会を知る　スキルアップ　就職活動　他

タイプ	営利企業　非営利組織　自治体　各種団体　他

内 容	仕事の説明　業務補助・体験　課題解決・実践

期 間	半日　1日　数日　1週間程度　2週間程度　1か月以上

・
・
・

学生にとってインターンシップは多種多様なものとなる

(3) 学生時代に学生が将来に向けて取り組むこと

学生が就職するまでにキャリア形成や将来働くために考えることを、①社会を知る・働くことを知る、②自分を知る・キャリアを考える、③目標設定と実現に向けた努力をする、の3つの観点で説明します。

①社会を知る・働くことを知る

就職活動では、「業界研究」「企業研究」と「自己分析」という言葉がよく使われます。将来の働く姿をイメージするためには、世の中のことや社会のこと、企業のことを知ることが重要です。そのためには、ニュースや雑誌の情報や大学での学習、インターンシップなどを活用して、働く実態を把握することが考えられます。このように、社会を知るための方法や手段はたくさんあります。知れば知るほど有益ですが、すべてを把握することには限界があります。そこで、まず自分を知って、関心の高い領域を中心に理解を深めることが現実的なステップです。

②自分を知る・キャリアを考える

自己分析は、今までの学生自身の活動を振り返り、長所や短所、自分が好きなことや苦手なことなどを振り返るプロセスになります。大学内や大学外の様々な活動に他者と交流しながら取り組むことで、自分自身の存在を相対化して考えるプロセスを経て、自分の強みや弱みの理解が深まります。社会で働く人やロールモデルとなる先輩を見ながら、自分自身の課題や目標を持ち、それに向かって努力を重ねることも有益な経験です。また、自分自身を相対化し、過去の行動や経験を棚卸ろしした上で自己理解を深めるプロセスが重要です。

そして、世の中のことや企業のことを知り、自己理解が進んだ場合、将来の目標を定め、能力や経験をイメージして、実現に向けて取り組むことが重要です。このためには、社会で求められる能力の理解が必要で、実現に向けた努力や行動の選択肢の1つにインターンシップが該当します。

③目標設定と実現に向けた努力をする

将来の目標設定・キャリア設定とそのための努力は、短期間では完結しない中長期的な取り組みとなります。実践的な取り組みや、学外で社会人と協働することや、ビジネスの世界の題材に真剣に取り組むことを通して、自分自身の能力向上につながります。能力の向上までには至らなくても、自分が働くかもしれない企業で何が必要とされているかを理解することができます。自己理解や目標設定、振り返りは、一度やったらおしまいなのではなく、繰り返し実施することで成長につながります。

人材育成や人材の成長に向き合う観点では、学生の「目標設定」「振り返り（リフレクション）」に注力することが有益です。実施した経験を、メタ認知（第三者的に自分の行動を振り返ること）し、その行動の長短を客観的に分析し、本質的には何が大事なのかを自分で考えて整理することが重要です。そのように整理した結果、同じ事象ではなくとも応用できるようになり、将来の行動に向けて、有益なノウハウとして自分に蓄えられていることになります。

さらには、近年は、個人の成長と企業の成長を重ね合わせながら、キャリア形成を遂げる考え方が**「キャリアオーナーシップ」**として重要視されています。これは、学生自身が、自ら将来どの企業のどのような環境で、具体的にどのような仕事をして、経験とスキルを身につけて、自分自身の将来進むべき道を手に入れていくかについて、自らで考えて、実現するという考え方です。

図表 3-2　学生時代のキャリア形成モデル

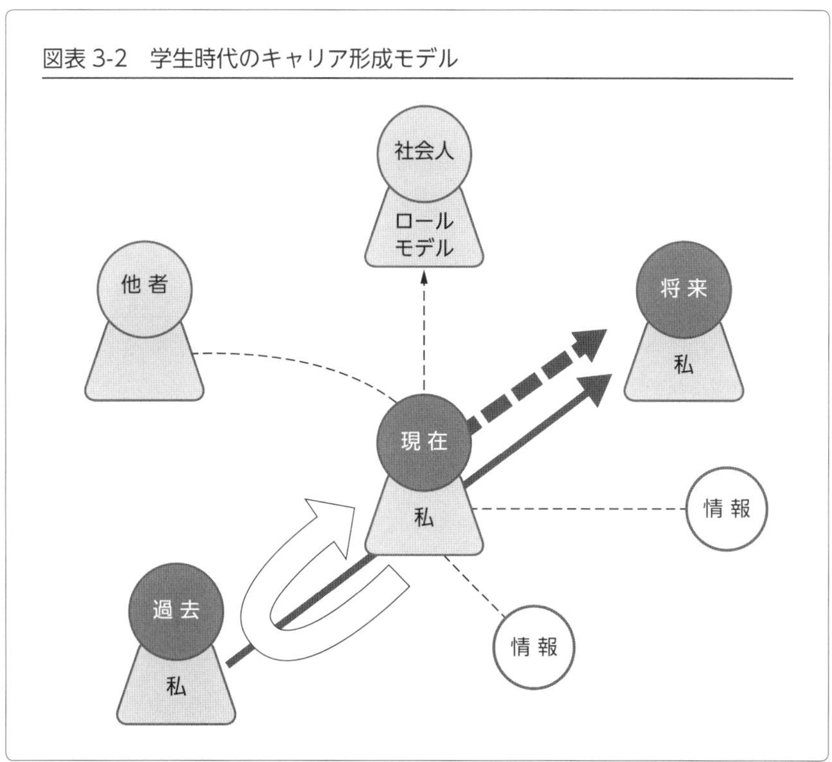

(4) 学生に求められる能力

「学士力」とは、文部科学省の中央教育審議会で2008年に提唱されたもので、専攻分野を通じて培う学士力を提示することで、分野別の教育の質保証の枠組みづくりの促進などを狙うものです。

〈学士力〉

1. **知識・理解**　専攻する特定の学問分野における基本的な知識を体系的に理解（多文化の異文化に関する知識の理解、人類の文化・社会と自然に関する知識の理解）
2. **汎用的技能**　知的活動でも職業生活や社会生活でも必要な技能（コミュニケーション・スキル、数量的スキル、情報リテラシー、論理的思考力、問題解決力）
3. **態度・志向性**　自己管理力、チームワーク・リーダーシップ、倫理観、市民としての社会的責任、生涯学習力
4. **統合的な学習経験と創造的思考力**　自らが立てた新たな課題を解決する能力

「社会人基礎力」は、「前に踏み出す力」「考え抜く力」「チームで働く力」の3つの能力（12の能力要素）から構成されており、「職場や地域社会で多様な人々と仕事をしていくために必要な基礎的な力」として、経済産業省が2006年に提唱しました。これは「人生100年時代」や「第四次産業革命」の下で、さらに重要性を増しています。

こうした状況を踏まえ、平成29（2017）年度に開催した「我が国産業における人材力強化に向けた研究会」では、個人の企業・組織・社会との関わりの中で、ライフステージの各段階で活躍し続ける力を「人生100年時代の社会人基礎力」と新たに定義されました。「どう活躍するか」「何をするか」「どのように学ぶか」の3つの視点が加わり、自己を認識して振り返りながら目的、学び、統合のバランスを図ることが自らキャリアを切り拓いていく上で必要であると位置づけられました。

図表 3-3 「人生 100 年時代の社会人基礎力」とは

「人生100年時代の社会人基礎力」は、**これまで以上に長くなる個人の企業・組織・社会との関わりの中で、ライフステージの各段階で活躍し続けるために求められる力**と定義され、社会人基礎力の３つの能力／12の能力要素を内容としつつ、**能力を発揮するにあたって、自己を認識してリフレクション（振り返り）しながら、目的、学び、統合のバランスを図ることが、自らキャリアを切りひらいていく上で必要**と位置付けられる。

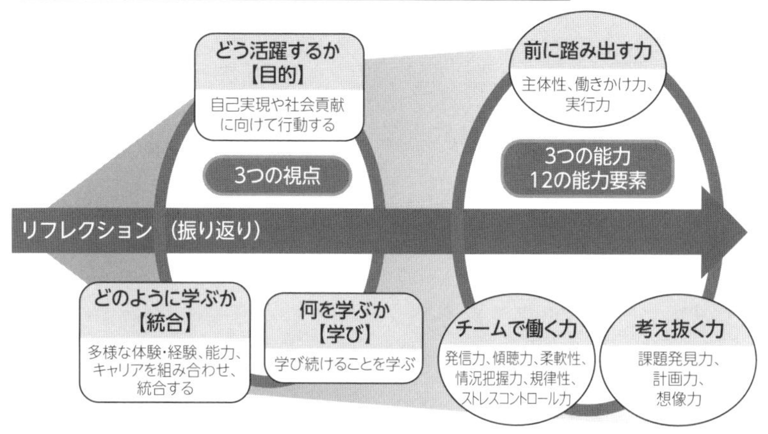

出所：経済産業省「我が国産業における人材力強化に向けた研究会」報告書（2018）

図表 3-4 「人生 100 年時代」に求められるスキル

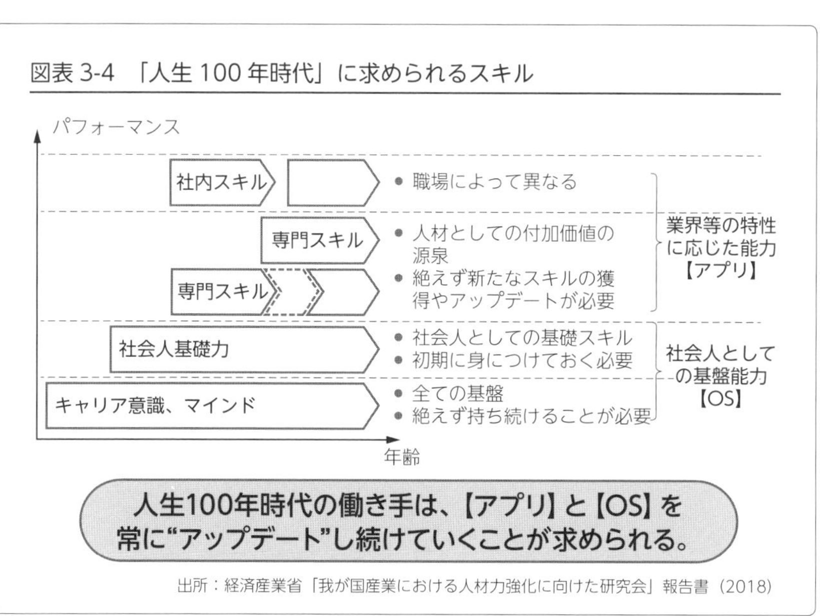

出所：経済産業省「我が国産業における人材力強化に向けた研究会」報告書（2018）

(5) 学生が感じるよいインターンシップと悪いインターンシップ

学生にとってよいインターンシップについて説明します。ポイントは次の3つです。

1．社会を知る・働くことを知る」「自分を知る・キャリアを考える」「目標設定と実現に向けた努力をする」の要素を満たすもの
2．インターンシップに参加する事前の期待値と現実のギャップがない、もしくは期待以上のもの
3．企業の人が親切な対応と感じた場合　など

インターンシップを通じてこれらの要素を満たせば、学生の満足度は向上します。様々な学生が存在することから、求めるものに対応して、インターンシッププログラムを細分化し、わかりやすく提供することが重要です。学生のニーズと実際のインターンシッププログラムのギャップがないことや、事前想定以上のプログラムに参加することで、満足な結果が得られます。

一方で、以下のような場合は悪いインターンシップだと捉えられるリスクがあります。

- 拘束時間が長い割に簡単すぎる内容で、自分の成長を感じなかった
- 知っていることばかりだった
- 難しすぎる内容でピンとこなかった
- 募集内容からインターンシップの内容がわからない
- 参加してみたら、想像と異なるインターンシップだった
- 人事担当者が不親切な対応だった

コラム 3

学生時代に何をすればよいと思いますか？

「学生時代に何をすればよいと思いますか？」という質問があります。

巷でたくさんのマニュアル本が出ていることが影響するのか、本当に知りたいのかわかりませんが、企業の人は、少し考えておくとよいでしょう。間違っても、あなたの学生時代の自慢話を20分間永遠と聞きたくて質問しているわけではありませんので、注意が必要です。

語り続けた場合は、学生は、話長いなと内心思いながら、笑顔で聞き流されて、「さしすせそ」の対応をします。

さすがですね、しらなかったです、すごいですね、センスいいですね、そうなんですね。

さしすせそは気持ちよくなるのでさらにトークが進みます。学生は不満であっても、笑顔で、役に立ちました。ありがとうございましたと言って立ち去ります。

一方で、喋った本人はよいことをしたと思ってしまっています。このような展開は気をつけなければいけません。誰も注意しないとこのようになってしまうリスクはあります。

さて、当初の質問ですが、実際に学生時代は何をしたらよいのでしょうか。答えがない問題なので、数人で考えて、最も多かった話をしたらよいのだと思います。

筆者の個人的な意見として、学生時代を振り返り、いまの経験を踏まえ、「よく学び、よく働き、よく遊び」という3つを伝えています。「学ぶ」と「働く」と「遊ぶ」の境界が曖昧になりましたが、デジタルデータに関する知識や技術を駆使すれば、いつでもどこでも仕事ができるようになっています。時代も変わっています。ただ、「遊び」「学び」は変わらない普遍的なことです。

2 大学にとってのインターンシップ

(1) 大学におけるインターンシップ

大学が実施する教育プログラムの一環として、産学連携が強化され、企業と連携した様々なインターンシップ教育が進められています。

大学が中心となるインターンシップの場合は、大学の役割に鑑み、教育に重きを置くのが大原則です。採用につながる動きや、過度な企業の広報・ブランディングは煙たがられ、特定企業に傾斜しすぎる取り組みが禁止されている大学もあります。地域創生の流れのなかで、インターンシップは大学の地域貢献としても推進され、教育効果が認められるインターンシップに関するガイドラインが制定され、以下の6つの観点が推奨されています。

- 就業体験を伴う
- 大学教育、専門教育とのつながりと、事前事後学習の体系化
- 事前と事後を含めて大学がモニタリングできる
- 教育効果が認められる
- 原則5日間以上、事前事後や複数企業の合同も可能
- 企業と大学で協働する

企業が大学と連携して実施する場合、第三者機関による仲介・サポートを通して実施する場合や、単独で実施する場合が考えられます。大学におけるインターンシップの実施方法も様々です。そのようななか、大学でインターンシップへの関わり方を分類すると次の4タイプがあります。

- 大学が積極的にインターンシップを推進し、企業と直接コミュニケーションをとって、プログラムを実施する場合（内部にコーディネートできる教員・職員が存在する場合）

●インターンシップは積極的だが、学生の自主参加に任せている（インターンシップの単位化を行っている）
●インターンシップの広報などの体制は整っている
●特にインターンシップに対して実施していない

(2) 多様化するインターンシップ

長期のインターンシップ、休暇を利用した10日から1ヶ月程度の中期的なプログラムやクオーター制を導入して長期インターンシップの参加を可能にしたもの、所在地を超えて、都会から地方へ、地方から都会へ、地方から別の地方へ参加するもの、専門性に特化したもの、1年生や2年生が参加するプログラム、PBLプログラムと呼ばれる企業の課題を学生が学内を中心にグループで議論し、その課題解決策を提言し、企業からフィードバックをもらうもの、リーダーシッププログラムとして

図表 3-5　千差万別のインターンシッププログラム：大学編

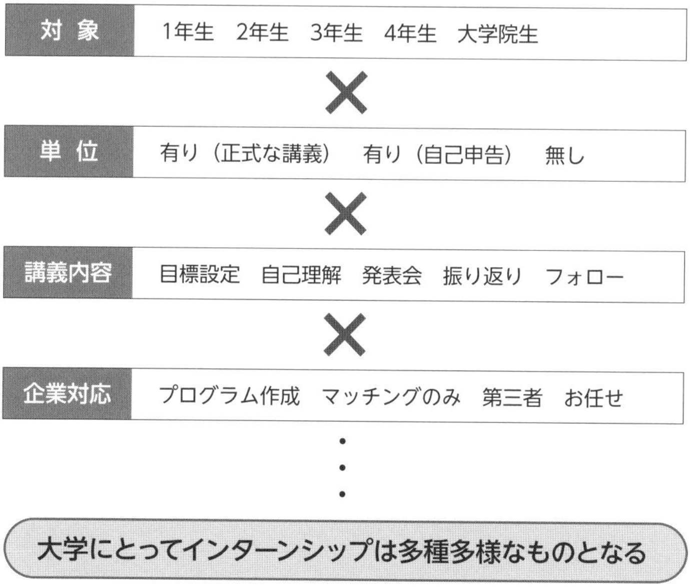

対象	1年生　2年生　3年生　4年生　大学院生
×	
単位	有り（正式な講義）　有り（自己申告）　無し
×	
講義内容	目標設定　自己理解　発表会　振り返り　フォロー
×	
企業対応	プログラム作成　マッチングのみ　第三者　お任せ

・
・
・

大学にとってインターンシップは多種多様なものとなる

適用するもの、商品開発や新規事業企画や、SNSやクラウドファンディングを活用し、ビジネスの世界との架け橋的な内容を実践するものなど、企業や学生のニーズが多様であるのと同様に、大学のインターンシップも多種多様です。

大学と連携して実施する場合、企業が考慮すべき大学の要望は、企業単独でインターンシップを実施する場合にも参考になると思います。受入学生が、普段大学でどのような教育を受けているかを認識することは、学生が満足するインターンシップを実施する上で大切です。大学での生活も学生の環境も価値観や考え方も、昔とは大きく変化していますので、自分の若い頃の大学生の時に受けた教育をそのまま当てはめると、学生とのギャップが生まれてしまう危険性があります。

(3) キャリア教育の充実

近年では、大学内では就職支援室が主催する就職ガイダンスによる情報提供に加え、キャリア系の講義が講義科目として設置され、就職活動やインターンシップに通りやすくなるためのノウハウやテクニックを学んでいる場合もあります。

大学ごとにキャリア教育の講義、インターンシップの講義は、それぞれの大学において特色があります。インターンシップの事前学習としては、①自己理解、②履歴書・エントリーシートの作成、③マナー研修、④インターンシップの目標設定、⑤業界・企業研究、⑥将来のキャリアプランなどを実施することがあります。

事前に学生が学んでいることを意識できていれば、インターンシップの内容は濃密で有益なものにつながります。大学と連携する場合は、これらの内容を確認した上で、前提を踏まえて、重複を避け、足りない点を補足する工夫や配慮があるとよいでしょう。

大学が主体となってインターンシップを実施する場合、技能や動機・やる気を有した学生が参加すれば、よいインターンシッププログラムを実現しやすくなります。

図表 3-6　インターンシップにおける学生のキャリア形成モデル

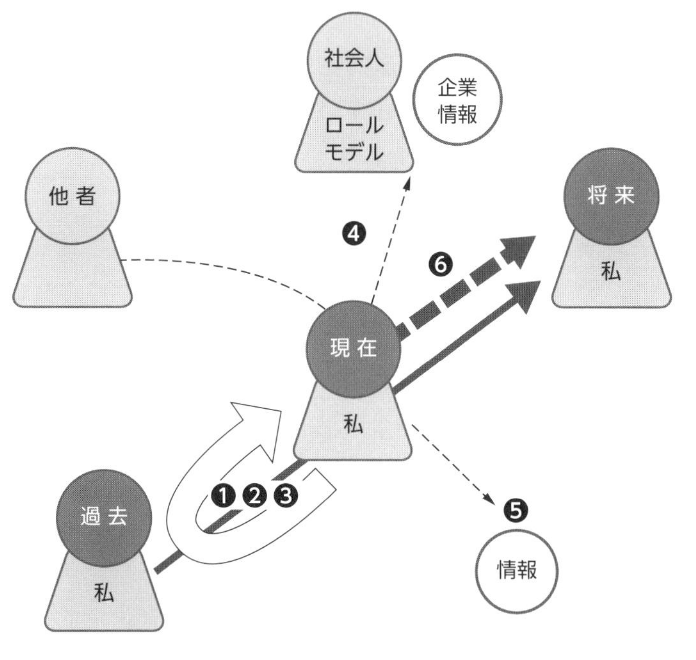

❶自己理解（自己分析）
❷履歴書・エントリーシート作成
❸マナー研修
❹インターンシップの目標設定
❺業界・企業研究
❻キャリアプラン（将来のキャリア・目標）

(4) 大学におけるインターンシップの課題

一方で、大学におけるインターンシップは、実際に運営する上でいくつかの課題があります。企業単独で実施する場合も、大学の課題を理解しておくことで、大学に属する学生の状況の把握にもつながり、自社のインターンシッププログラムをよいものにする検討材料の1つになります。

大学におけるインターンシップの課題としてまず挙げられるのは、学生参加が任意のプログラムの場合、学生の参加人数が集まらない危険性があることです。その理由は、低年次向けの講義では就職に向けた取り組みの意識が学生には高くないため、受講意欲が進まないことにあります。また、アルバイトやサークル・部活動などとの兼ね合いから、実施期間がインターンシップと重なる場合、キャンセルされてしまう危険性があります。

また、大学の教職員がインターンシップ人材としてのスキル経験を持ち合わせていないこともあります。学外の企業との接点を持たないケースも多く、企業経験がない場合、企業の募集、調整、関係構築がうまくできなかったり、知らないことはどうしても防御壁を高くする傾向があるため、スムーズに進まないことがあります。これらの点は以前と比べると改善したと思われますが、留意することは必要かもしれません。

さらに、大学でインターンシップを単位化し、長期のインターンシップを実施するためには全学的なカリキュラムの変更などが必要で、意思決定が必要です。また、企業との関係構築を、中長期的に継続して実施していくのは現実には難しいことも多く、教員や企業担当者の個人的な関係や、その時の学生の意欲に左右されます。

コラム 4

大学と企業の橋渡し役としての実務家教員

大学と企業の2つの異なる立場を仲介して、双方にメリットをもたらすコーディネーターの役割が重要となっています。

産業界と、大学界をつなぐ存在として「実務家教員」に対する期待が高まっています。実務家教員は「専攻分野における概ね5年以上の実務の経験を有し、かつ高度な実務能力を有する者」と文部科学省に定義されています。インターンシップに関しては、既に以前から人材業界や、インターンシップのコーディネート団体の出身者や、企業の人事担当者などが大学教員として学生教育に従事したり、研究者としての成果を出してるケースがあります。

社会の変化が激しく、キャリア形成のあり方の変化が予測されるなかでは、社会のことを知る、働いた経験を有する存在の価値は高まると考えられます。

筆者も実務家教員ですが、実務家としての経験は、金融機関のファイナンス経験や、交渉経験は、専門的すぎて求められることはないかもしれません。一方で、営業として関係者の調整をしたり、社内の関係者と相談したり合意形成をすることは、大学でインターンシップを実践するなかでは貴重な経験だと振り返って感じます。企業が何をしているかを理解し、業界の動向や企業のビジネスモデルに関心を持つことができ、異なる利害関係者の状況を踏まえながら、納得する落とし所を模索しながら、一歩ずつ進むことなどです。いろんな人に大学で活躍する舞台はあると感じています。

学生に対しては、1人ひとりの個人に向き合って、個人の成長にどれだけ貢献できるかを考えながら、何かの武器を組み合わせて実践する人がよいと思っております。今後、大学でインターンシップが増え、活躍する実務家教員がたくさん生まれると思います。

3 専門職大学という新潮流

大学では、専門学校と大学の両方の特徴を有する「専門職大学」という新たな制度が2017年に、新設されました。

「特定の職業のプロフェッショナルになるために必要な知識・理論、そして実践的なスキルの両方を身につけることのできる大学です。教育課程（カリキュラム）は、産業界、地域社会と大学が連携して編成し、講義だけでなく、学内・学外での実習が豊富に組まれています。卒業後は、即戦力の専門職として、そして現場の最前線に立つリーダーとして活躍が期待されます。さらに、専攻する職業に関連する他分野の学びとかけあわせることで、前例にとらわれないイノベーションを起こし、就職した業界や職業の変化をリードする人材が育つことも期待されています。専門高校で学んだ経験を活かしたい生徒の進路の1つにもなるものです。」（文部科学省「専門職大学・専門職短期大学について（パンフレット）」抜粋）

これは、企業に入ってから人材を育成するのではなく、即戦力として、一定のスキルを身につけ、時代の荒波に負けずに、高度な実践力と豊かな創造力を身につけた人材を採用したいという、社会や企業のニーズに大学が対応する形での進化と言えるでしょう。

専門職大学の特徴は、4年制の場合、600時間の臨地実務実習が必須になります。また、3分の1は実習が義務づけられており、学外で提携する企業との実習、インターンシップが中心に位置づけられているのです。

2018年度から新設の専門職大学・専門職短期大学が生まれ、今後も増加していくことが想定されます。また、専門職大学ではなくとも、既存の大学においても、産学連携を強化する動きは加速しています。

産学連携の中で、企業の視点から大学との連携を図ることに加え、大学の視点からも実践者と協働して学ぶことが推進されているという流れを理解しておくとよいでしょう。

図表 3-7　座学と実習の往還したプログラム（名古屋産業大学の専門職大学の場合）

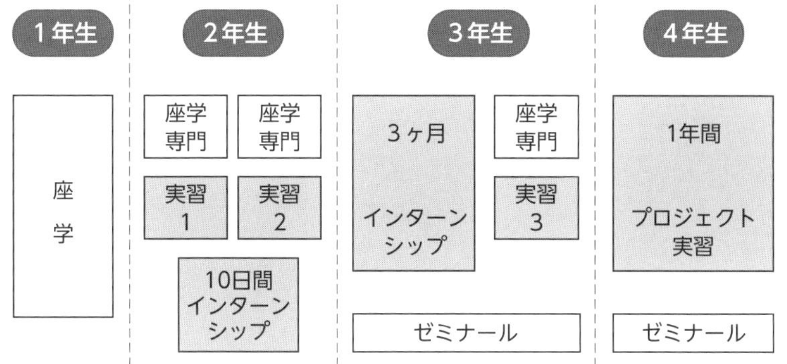

- 学んだことと、インターンシップ経験を繰り返し、段階的に実施することで、学んだ知識を、使える知識とする体系的な教育プログラムが構築されている
- インターンシップでは、専門領域で学んだ知識・技能・技術を活用して企業の課題解決を中心としたプログラムを実施する計画
  経営（マーケティング・ファイナンスなど）の領域とデジタルデータ活用の領域を中心に個別企業ごとにプロジェクトを設計する

実習１：実務家教員が中心に、PBL形式の講義を学内を中心に実施
実習２：少し実践的なPBL形式の講義を学内を中心に実施
実習３：インターンシップ経験を生かしケーススタディなどによる議論

- 実習1〜3は、実務経験を有する実務家教員が中心となることにより、実践的な視点の講義が実現する

コラム 5

専門職大学へのチャレンジ

筆者は、社会で働いた経験を生かし、インターンシップを中心に、経営学に関連する講義、地域連携や場作りビジネスプランなどの講義を大学で行なっていますが、ある縁で専門職大学の設立プロジェクトに関与しました。大学におけるインターンシップには、参加人数の問題があります。通常の講義で実施すると、シラバスを見て応募することになりますが、シラバスだけでは魅力が伝わらず、誤解を生んだ状態で応募することが想定されます。筆者もチラシの配布や、説明会を実施しましたが、熱心に説明をしても、参加者はわずかでした。

次に、実際に授業を受講しても、部活動やサークル、アルバイトに負けて、インターンシップに行けないという理由で、途中で取りやめる学生もいます。さらに、インターンシップを有益に過ごしてほしいと考え、事前学習で課題を出しても、その負荷が高めだと、やはりキャンセルが生じます。楽しいだけで盛り上がればよいわけでもないので難しいです。そして、学生が、この日程やこの企業じゃないと行かないと言ったりするので懸命に調整したにもかかわらず、突然直前に言い訳をしてドタキャンをしたり、1日目を終えた段階で消えたり、関係者は対応に追われます。もちろん、これらは一部の例で、一生懸命な学生も多数います。

知識のインプット、アウトプットの練習、実践、またインプット、実践、アウトプットと繰り返すことで、「わかる」から「使える」「できる」へと進化させることができます。そのため、事前学習で学んだことをインターンシップで実践して、大学に戻って学び直すことを実現させたいと考えていました。

専門職大学は、600時間のインターンシップ実習を原則とし、実践したい学生が集まり、事前事後に体系的な学習が組織的にできる制度です。専門職大学で学んだ学生が社会で活躍することに可能性を感じます。

4 学生の評価

(1) インターンシップの評価

インターンシップに関する学生の評価を説明します。

はじめに、大学では単位認定のために、試験やレポート、講義中の小テストや、講義の参加姿勢など様々な観点で評価され、担当の講師によって成績がつけられます。一方で、インターンシップは、学外の実習になります。そして、受講学生がそれぞれ異なる企業に参加することも想定されます。その場合、実施中の内容のすべてを担当講師がチェックすることは現実的には不可能です。したがって、事前学習における取り組みや、事後の発表会や振り返りレポートの提出によって評価が行われます。

学生のインターンシップの状況を評価するために、企業に対してコメントや、学生の評価を依頼し、成績に加味することもあります。単独の大学と連携して実施する場合は、企業は大学の希望を確認して協力することになります。ただし、大学を超えて学生を受け入れる場合や、企業側の担当者も複数存在して実施する場合は、インターンシップの就業体験の内容を充実させることより、学生の評価に注力することになると、本末転倒になってしまう危険性があります。また、数名であれば、対応可能かもしれませんが、短期間である一定の人数を対応する場合は、企業の担当者の負担が膨大になってしまいます。大学側の問題ですが、対話や協議する必要があります。

(2) ルーブリックなどの活用

学生の成長を支援する観点で、様々な評価が行われ、「ルーブリック」と呼ばれる評価指標を活用した評価が行われることもあります。段階的な評価を設定し、事後に自己評価や他者評価などを実施することになります。

そのほか、学生に対するチェックリストを用意して、できた項目や、遵守事項を提出する方法もあります。あるいは、レポートに学んだことを記載させたり、ワークシートを作成して提出させたり、発表会でプレゼンテーションを実施するなど大学や担当の講義・講師ごとに設定されます。

また、筆者が企業が依頼されることが多いのは、事後発表会への参加です。企業が受け入れた学生の発表の後に、コメントなどを求められるのですが、他社のインターンシップの様子や、学生の状況が把握できる機会にもなります。大学側で考慮する必要があるのは、学生数や受入企業数によって、全体の適切な時間をイメージし、拘束時間を長すぎないようにしても、企業・学生双方の効果が得られる内容を構成することです。人数が多い場合は、ポスター発表にすることや、発表の部屋を分割することなども検討が必要です。また、発表に加えて企業と大学の意見交換の機会なども設けることや、学生と企業と大学関係者が一緒にワークショップを行い、今回の振り返りや改善点を議論することも有益です。

図表 3-8　ルーブリックのサンプル

	5	4	3	2	1
将来のキャリア	卒業後、社会人して働くことを具体的にイメージし、具体的な行動ができている	ぼんやりとではあるが、将来のイメージがあり、目標を持ち、動きはじめている	将来のキャリアを考えるための行動を起こしている	あまり将来のキャリアをイメージできていない	将来のキャリアをまったくイメージできてない
自己理解	自己と他者の違い・類似点や特徴をきちんと理解できている	自分の強みや課題が第三者と比較した特徴をある程度理解できている	自分のことを客観的に捉えようとしている	あまり自分のことが理解できていない	ほとんど自分のことを理解できていない

コラム 6

リフレクション・振り返りの大切さ

振り返りは大事です。本書でも、4つのステップとして最後に総括をして、振り返り、改善することを推奨しています。そして、社会人基礎力でも、新時代には「リフレクション」が大切だと触れられています。

「振り返り」というと、「反省」や、悪かったことをイメージし、「すみません」という言葉が頭によぎる人も多いと思いますが、インターンシップにおけるリフレクション・振り返りでは、できなかったことや、失敗したことだけではなく、できたことについても着目することが重要になります。せっかくの貴重な機会を、反省だけで終わらせるのではなく、よかったことも含めて振り返り、自分の財産にするべきだと思います。特に振り返った上で大切なのは、自分が経験したことが、他の内容でも実現できるように抽象化することです。社会人にとっても、日々の生活を定期的に振り返り、長期的、短期的な目標を立てて、実現に向けて努力をし続けることは決して簡単なことではありません。まして、学生ではそのような習慣がない場合が多いのが実態だと思います。

業務日誌や、日記も重要だと思います。記憶から記録に変換することで、忘れたときには見直して、思い出すことができます。経験を書き出すことや、誰かに言葉で話をすることも重要です。他者からもらったコメントが印象に残り、自分の強みや課題が理解できるといった経験もあるのではないでしょうか。

個別の学生に向き合って、1人ひとりのよさや、1人ひとりが頑張って行動したことや経験を捉え、挑戦やアクションを尊重しながら、その中で何を学んだかを問いかけ、支援し続けることが大事だと思われます。最大の支援者として応援し続けること。そのために、学生に対して質問を投げかけることが、彼らの成長につながるはずです。

(3) 評価の先の未来への共創

企業が学生を評価することについて説明します。通常は、大学から求められない場合、企業は学生に対するインターンシップの評価をすることはないと思います。正確には、企業では評価をする場合もあるかもしれませんが、学生に対する書面の提示などは一般的には行われていないと思います。

筆者の見解ですが、超短期のインターンシップや20名以上の受け入れの場合は評価は困難だと思いますが、5日以上の実施や、少人数の受け入れの場合は、学生に対して、企業でインターンシップを実施した証明としての評価を渡すことを推奨したいと思います。大学生にとって、夏休みや春休みの1週間は、極めて貴重な存在です。学生は、アルバイトや部活動、サークル、友人と遊ぶ時間や他の勉強の時間の代替として、企業へのインターンシップに全力で取り組むことになります。また、通常は1社のインターンシップにしか参加できません。企業側にとっても、貴重な時間と労力を学生に全力で注ぐことになります。

学生の評価を徹底してくださいというお願いではありません。「**学生の将来のために、企業で経験したインターンシップの価値を可視化しませんか**」と提案したいのです。

企業が良いインターンシッププログラムを策定し、学生が想定以上に頑張り、ビジネス上の成果が得られたとします。その場合でも、学生に特別な報酬が支払われることはほとんどないでしょう。それがインターンシップです。ただ、学生の将来の成長をサポートすることができないものかと考えたときに、学生が取り組んだプロセスについて企業が証明書を提示し、学生の成果を表彰するなどの形でサポートできたらよいと思います。

既に就職活動の仕方にも変化が生じていますが、学生の就職活動についても、エントリーシートを書いて応募をして選考が進む形式から、逆求人型のモデルとして、学生の履歴書や自己PRを企業がチェックし、スカウトメールを企業から学生に送付して、選考が進む方法もあります。自己PRの補強材料の1つとして、「**インターン学歴**」を加えることができれば、企業にも効果があると考えます。ただし、強制的にしてはさらに格差が生まれてしまうので、ある一定期間以上のインターンシップや、成果が出たもの、その期間で成長した内容などの制約は必要になります。

企業でインターンシップを頑張った人は、その企業に入ることができればお互いハッピーです。ただし、その割合は高くありません。視点を変えて、企業でインターンシップを頑張った人は、就職活動を通して恩恵を受けることになり、将来自分とマッチした会社に入ることができるというサイクルができれば、企業も将来にわたって、支援した学生から感謝され、企業に入っても会社や担当者とのつながりが継続し「信頼」が継続・永続することになります。インターンシップがきっかけとなる「**信頼採用**」の実現を願います。

図表 3-9　インターンシップ評価シート

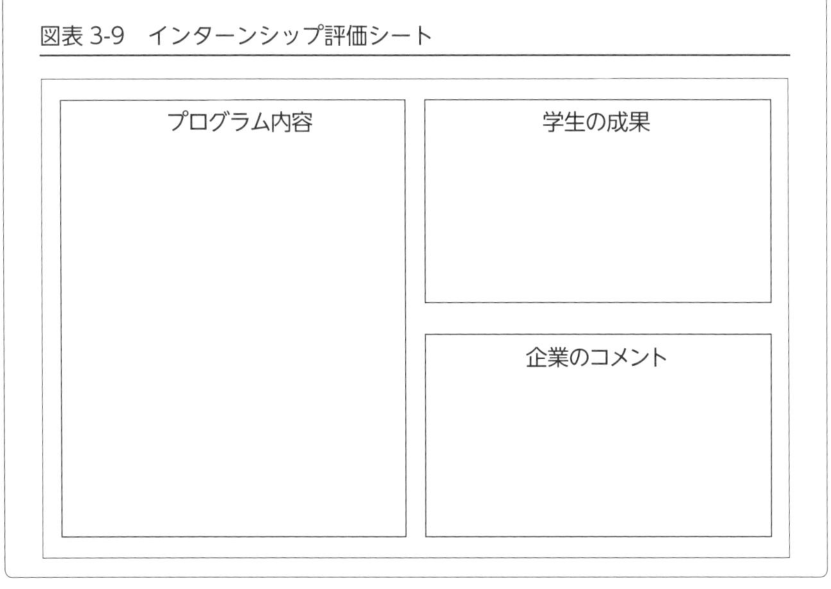

コラム 7

ラーニングポートフォリオ

ラーニングポートフォリオとは、一定の経験や体験に対する省察に対して、レポートなどの証拠資料をもとに、第三者の教員や学生同士での共同作業を実施することが可能なツールです。右ページの8つの質問をレポートで回答して、学生の学習支援を実施するものです。

ラーニングポートフォリオを活用することで、事実を記載するだけでなく、学んだ理由や背景を深掘りすることができます。目標に対してどのような行動ができたか、なぜできなかったかについて記載します。学生自身にとって働く意義や意味を書き出し、定着させる効果もあると考えられます。ただし、体験を振り返り言語化するのは、訓練も必要なので、事前学習で練習することと、記載の方法をレクチャーが必要です。

学生は、8つの問いに対して順番に答えることには限定されず、これらの問いを参考にして、自らの経験を振り返り、なるべく具体的に第三者に伝わる内容で記述します。体験・経験が自分自身にとって何が学びにつながり、何が学びにつながらなかったのかを客観的に振り返ることになります。さらに、「なぜ学べたか」を深く考えることで、体験・経験の意味や意義をより深く考えることにつながります。そして、その体験・経験が今後の学習や今後の生活にどのような効果をもたらすかを考えて、将来の目標を考えるきっかけとして機能させることになります。

著者は、インターンシップの講義では、企業とマッチングを実施し、事前学習を担い、発表会を実施し、振り返りレポートを記載させることを実施していました。当初は、学生が自由に記載する振り返りの感想レポートすべてを添削して返答していました。40名くらいであれば情熱を持って返答ができます。プログラムの内容もイメージし、事前学習の様子を想像しながら返答できました。しかし、100名になるとフリーズしてしまいます。返答を書くどころか、レポートを恐怖に感じます。また、学生からのレポートも感想文に終わってしまい、深く考えられておらず、将来の学習意欲の向上に繋がっていない事例も多くありました。

そこで、良い方法はないかと考え、キャリア形成のための講義で活用していた「ラーニングポートフォリオ」とコラム11で紹介する「ICEルーブリック」をインターンシップの事前事後学習で採用することにしました。

この結果、感想や目標設定に加えて、体験を振り返り深く考察し、そのプロセスを、可視化することにつながりました。インターンシップの事前事後学習の一環として主体的な学習につながることが期待されます。

1）この実習から何を学ぶことができましたか。あるいは、逆に、学ぶことができませんでしたか。
2）どのような状態で最も学ぶことができましたか。あるいは、逆に、まなぶことができませんでしたか。
3）なぜ、学ぶことができましたか。あるいは、なぜ、学ぶことができませんでしたか。
4）あなたは、学習者として何をどのように学びましたか。
5）この経験は、他の授業の学習やこれからの人生にどのようなつながりがありましたか。
6）この経験は、実践的な学習に役立ちましたか。
7）この実習を楽しむことができましたか。それは、どのような意味においてですか。
8）この実習をもう一度やり直すとしたら、学習を高めたり、向上したりするために何か違ったことをしましか。

スー・F.ヤング著、土持ゲーリー法一翻訳
『「主体的学び」につなげる評価と学習方法』
東信堂（2013）

コラム 8

ICE ルーブリック

ICE ルーブリック（ICEモデル）とは、カナダで開発・実践されてきた評価モデルで、I は Ideas（基礎知識）、C は Connections（つながり）、E は Extensions（応用）を意味します。日本では土持ゲーリー法一氏が ICE モデル普及の第一人者であり、主体的な学びを促進させるツールの1つです。

ICE ルーブリックは5段階評価ではなく3段階の設定です。考え、つながり、応用する3つのステップです。縦軸は教員が設定することになります。

インターンシップを通して学生の成長を支援したいと考え、個別学生の状況をつかみながら適切な助言ができるツールがないかと検討するなかで、ICE ルーブリックに辿り着きました。ICE ルーブリックは、インターンシップに限らず、アクティブラーニングの評価や、看護実習などにおいても活用されています。高校生向けの講義でも活用されている事例などもありますが、インターンシップに関しては、筆者の知る限りではあまり活用されていません。

右頁の表では、「将来のキャリア・働くこと」「他者から学ぶ」「自己理解・自己開示」「学習意欲」の４項目を設定しています。学生のレベルに応じて5つ目の項目は空欄で学生に設定させる形をとります。学生には、ラーニングポートフォリオの記載と、実習中の活動内容（日報や振り返り資料、プレゼン資料）の双方を提出させます。学生にとっても ICE ルーブリックのできた項目を○で提示します。そしてその根拠を記載させます。

教員側としては、提出されたラーニングポートフォリオと活動内容と ICE ルーブリックを照らし合わせて、学生の状況を把握し、考えができていて、つながりができていない場合は、その状況に合わせてフィードバックを実施します。つまり、課題を明確化させ、次の具体的な行動計画を立てるためのサポートができます。このツールを活用することで、比較的大人数に対して、短期間で効率的な対応が可能になりました。

応用としては、企業の社内研修でも活用可能であると考えられます。一緒に勉強を重ねて、学生によりよいものを考え続けたいと思っています。

	考え	○・×・△	つながり	○・×・△	応用する	○・×・△
1 将来のキャリア・働くこと	・卒業後、社会人として働くことについて説明している		・将来の働く目的や、働く姿を実現するための具体的な判断基準を示している		・将来の働き方・業界・職種などが具体的にイメージされ、実現に向けた行動計画を展開している	
2 他者から学ぶ	・企業の人、一緒に参加した学生等の他者から得られた学びを記述している		・他者との違いを理解した上で、他者から学ぶことの大切さや意義・意味について具体的に記述している		・自ら積極的・主体的に他者から学ぶための行動を実践しており、その結果得られた学修成果に関する記述がある	
3 自己理解（自己開示）	・自分の特徴・強み・課題などを記述している		・過去の経験が整理され、その経験の背景や意味を理解した上で、自分の特徴を記述をしている		・過去の経験・知識・能力などを統合させ、他者からの学びを踏まえ、現時点の自分の現状を正しくわかりやすく伝えている	
4 学習意欲	・課題が発見でき、目標に対する具体的な学習内容を記載している		・目標に対して、具体的に期日が定められた学習計画を記載している		・課題を発見し、目標に対する具体的な行動が計画され実行している	

5 学生・企業・大学の3者について

インターンシップに関して、企業の立場、学生の立場、大学の立場から解説しました。インターンシップの特徴は、企業、学生、大学にとっても千差万別であり、マッチングの組み合わせは極めて多様になります。

インターンシップごとの要素の違いは小さいとしても、関係者が重なり、マッチングすることで、それぞれのミスマッチが生じ、不満足につながる可能性があります。また、学生は、自分自身をあまり理解できていない状況でもあります。短期間で成長する可能性が高いことや、一方で社会や企業の理解度が乏しい状況であることもマッチングが難しい背景の1つです。

関係者同士の求めるものが異なる場合もあります。よくある異なる思惑について、代表的なものについて説明します。

図表 3-10　千差万別のインターンシッププログラムの組み合わせ

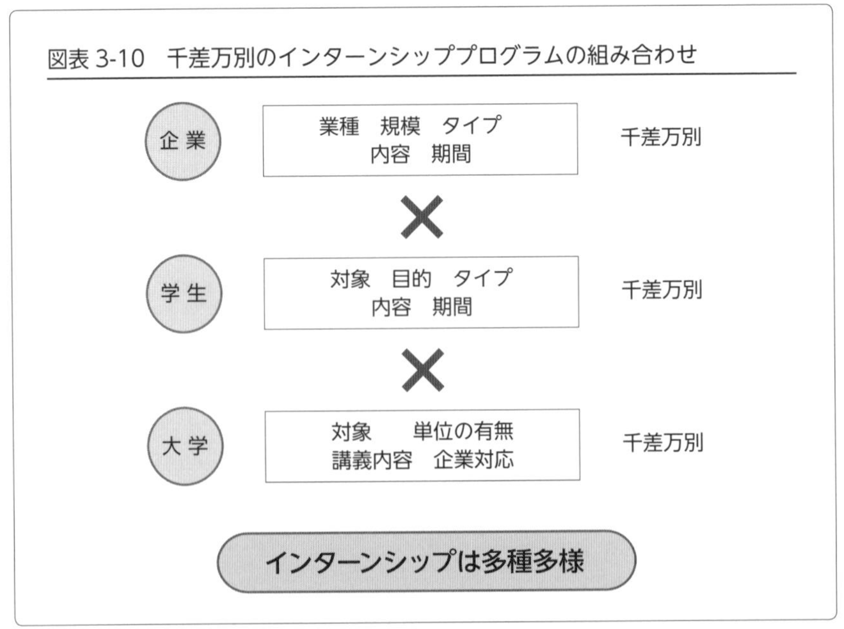

（1）企業と大学：ビジネスと教育の両立

大学と企業の関係性ですが、極端に言えば、企業はビジネスの観点を価値基準として経済合理性に基づいて行動しますが、大学は教育を原則として行動します。したがって、教育とビジネスを両立させることが必要になります。企業のCSV活動のように経済性と社会性を両立させるようなことが、インターンシップにおいても重要となります。

大学側は教育の観点を重視するあまりに、学生の評価に傾斜する傾向もあります。企業の負担感などの経済性に関して無頓着な場合もあります。また、企業のビジネス上のメリットや、採用に直結することに対してアレルギーがある場合もあります。

図表 3-11　３者の異なる思惑と関係性

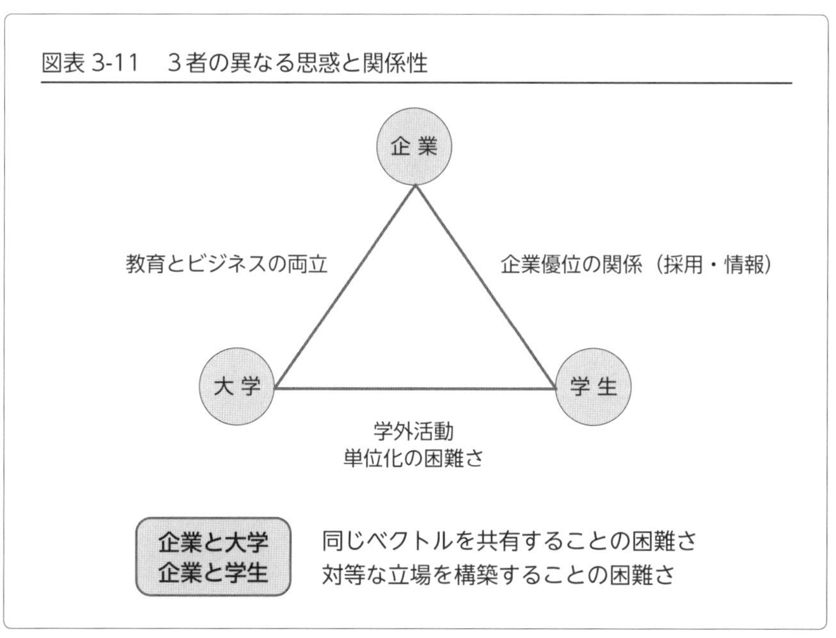

(2) 企業と学生：採用する企業側の優越的な立場

企業と学生の関係は、企業が採用する立場であり、学生が採用される立場です。また、社会や企業の情報量にも歴然とした差があり、情報の非対称性と優位性において、圧倒的なパワーの違いが存在します。

(3) 大学と学生：単位化による強制力と主体性

大学と学生の関係性においても、講義の単位を必修化により参加への強制力がはたらきます。人数を確保できるメリットがある一方、学生の主体的な参加が問題になります。大学が企業を選定すると、学生が望む企業へのインターンシップのマッチングは困難な点があります。一方で、大学が事前事後学習や、プログラムを構築することで、質の高いインターンシップに参加することも可能になります。

企業の視点からの大学と学生の関係としては、大学と協定の締結や教員の指導協力が得られる可能性があります。一方で、単位のために参加する、意欲の欠ける学生が存在する可能性もあります。また、事前のすり合わせや、事後の対応など、あらかじめしっかりとコミュニケーションがとれていないと齟齬が生じる可能性があります。そのため想定以上に工数が増える場合や、企業が単独で実施する場合に比べて、裁量が減る可能性や、臨機応変に対応できない可能性があります。

コラム 9

ワークショップ（フューチャーセンター）

様々な人が集まるワークショップが注目されていますが、フューチャーセンター（Future Center）とは多様な人たちが集まり複雑化したテーマ（課題）について「未来志向」、「未来の価値の創造」といった視点から議論する「対話の場」のことを指します。

筆者も過去に、インターンシップに関する「フューチャーセンター」を主催して運営しました。本章では学生・企業・大学の３者の立場の違いについて触れました。企業・学生ごとに様々な状況は異なります。異なる関係者が集まって議論し、お互いの考えていることを理解し、未来に向けて、よりよいインターンシップを実現するにはどうしたらよいかを話し合うことは有益だと考えられます。

フューチャーセンターでは、ファシリテーターの役割がいて、参加者同士は対等な立場で、相手の意見を頭ごなしに否定せず、一構造化し、最終的にはグループでまとまった内容を発表して共有します。

〈テーマ例1〉
1．社会で働くこととは？（30分）
2．インターンシップの課題（30分）
3．より良いインターンシップを実現するには？（30分）
〈テーマ例2〉
1．インターンシップに求めるものは？（30分）
2．インターンシップで難しいと感じる点（課題）（30分）
3．よりよいインターンシップ実践に必要なことは？（30分）

このような場で議論し、直接相手の意見を聞くことで相互の理解が進み、よりよいものに変化することが可能になります。

コラム 10
番外編　給湯室にて

「どんな大人と接するのが嫌か教えてもらえますか」という難解なお便りが来ました。オフィシャルには書きにくいため、番外編です。筆者の造語で、フィクションです。怪獣として登場します。

・マウンティングおじさん

学生が何もわからない、知らないことを逆手にとって、自分が優位なポジションになり、とにかく偉そうにされてしまう。学生は、何も言えずに従うしかない状態になります。

・ツメツメマン

細かな重箱の隅をつついて、できていないことを炙り出し、ネチネチと攻撃してきます。仕事の目的や学生の成長の観点は無視して、自分が相手を攻撃することに快感を伝えます。

・なぜなぜ攻撃さん

あまり意味のないことまで、全てに「なぜ？」と問い続け、場が凍りつきます。そして帰っていきます。意味はありません。

・自信過剰自慢マン

過去の自分の手柄をあり得ないほどに過大評価して、時には嘘も入りながら吹きまくります。時間が押し、他の人が喋れなくなりプロジェクトの予定が狂います。

怪獣は進化して強敵になるのか、怪獣は強い味方になるのか、増殖するのか。全くわかりません。これをやっつけるヒーローはどこに存在するのか。この世界の平和を守るにはどうすればいいのか。

新たな怪獣・珍獣が発見されましたら、お便りお待ちしております（笑）。

学生に対して、「サポーターで、最大の支援者」である続けるために、自戒を込めて。

第 4 章

インターンシッププログラム作成シート

1 インターンシップの実施への4ステップ

本章では、企業がインターンシップを策定するプロセスを説明します。インターンシップのステップは「**設計**」「**募集**」「**実施**」「**総括**」**の4つ**です。その上で、**15のポイント**を示しました。実務担当者が作成することをイメージして、**15のワークシート**を添付しました。説明内容とワークシートを埋める作業を並行して実施することで、企業独自のインターンシップの作成を目指すものです。最後に、**50のチェックリスト**を用意しました。本文に記載した内容を集約した内容になりますが、チェックリストを活用し、インターンシッププログラムの全体像を確認することで、インターンシップの品質が向上することを狙いとします。学生にとって学びがあり、企業にとっても効果が得られるWin-Winのインターンシップとなることを願うものです。

インターンシップを考える場合は、学生とのインターンシップの内容や具体的な中身から考えることが多いと思いますが、プロセスとしては、いきなり**プロジェクトの内容から考えるのはおすすめしません**。良いインターンシップを実施するには、**実施に加えて設計と募集と総括の3つを丁寧に実行する**ことに尽きます。企業の状況を踏まえ、インターンシップの目的を定めて、広報戦略を立案し、インターンシッププログラムを検討するステップが好ましいと思われます。

設計段階を熟慮することで、募集が効果的に機能します。計画段階で、目的が明確になることで、ターゲットとする学生に対する効果的な広報が可能になります。広報力が強化されると、自社に合致する学生の参加が増加し、満足度の向上が期待されます。さらに、実施後の「総括」をしっかりと行うことで、学生の理解度や満足度が確認できます。社内関係者の意見など踏まえ、改善を重ねてプログラムを再設計することでよりよいプログラムに変更されます。その結果、独自性があり他社と差別化が図れるインターンシッププログラムが実現します。

図表 4-1　インターンシップの改善の策定プロセス

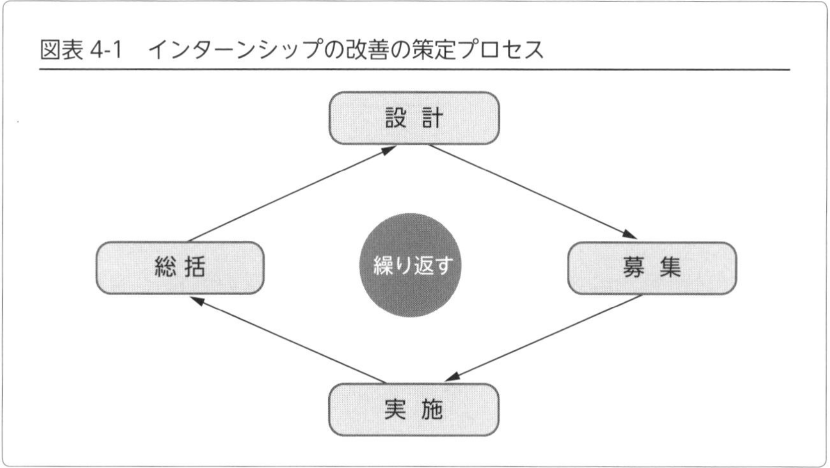

図表 4-2　インターンシップの 4 ステップのポイント

設計	募集	実施	統括
企業の戦略・課題	広報戦略	イントロダクション・ガイダンス	アンケート
採用戦略・人材育成計画	学生に届ける	学生の成長支援	振り返り
インターンシップの目的	募集内容	学生のプロジェクト支援	次回への改善
学生ターゲットの選定	企画書	目標設定、日報、報連相	報告書

Point 1　「設計」「募集」「実施」「総括」の4ステップ

「実施」前の「設計」がカギ。内容をきちんと伝え、実施後に振り返り、改善を続け、自社にとってオリジナルのプログラムを作り上げる

2 設計

(1) 社内での事前準備

インターンシップの目的は、企業にとって千差万別です。インターンシップの具体的な内容もまた、企業規模や、企業の業種や業歴などによって個別企業で異なります。

先述の通り、インターンシッププログラムの実施内容から検討しないことが大切です。内容から検討すると、担当者の独りよがりのインターンシップになる危険性があります。独りよがりでも、成功すればよいのかもしれませんが、属人的になってしまい他の担当者が再現できない可能性もあります。

このため、まずは、企業の理念や戦略を押さえて、外部環境や内部環境、企業内の課題や採用戦略を整理します。具体的には、人材育成や人材配置、求められる能力を定めることなどです。これらの点を押さえた上で、インターンシップの目的を検討します。

大企業であれば、事業部が複数存在し、各部署まで情報が届かないケースや、刻々と状況が変化することが予測されます。そのため、人事担当者が各事業部の情報を入手することや他部署とのコミュニケーションが機能することが必要です。また、中小企業の場合、情報の整理や、人材採用戦略や育成計画などが十分に検討されていない場合もあるかもしれません。その場合、この機会に求める人材像や人材の育成計画を進めるとよいでしょう。

Point 2　企業の戦略・課題と採用戦略との整合性

企業の置かれている環境を踏まえた戦略や課題を整理し、採用戦略・人材育成計画を検討する

企業の戦略策定シート　　1

企業名	
企業理念	
企業のビジョン・戦略	
外部環境	内部環境
機会	課題・脅威
人事戦略・採用計画	
インターンシップの目的	

企業の全体像を検討して、インターンシップの目的を定めます。インターンシップの目的を定めずに、プログラム構築から検討すると、企業にとってのインターンシップの目的が不明確になる危険性があります。このプロセスで目的を明確にした上で、進めることが重要です。

Point 3　目的を明確にする

企業の戦略・課題と採用戦略・人材育成計画を踏まえて、目的を社内で合意形成・共有してから、プログラムを検討する

(2) ターゲット学生のニーズ把握とインターンシップの目的設定

インターンシップは参加する学生のニーズを捉えて実施することが重要です。インターンシップの目的が決まると、インターンシッププログラムの中身を検討したくなると思います。既に企業の状況を踏まえているため、担当者の独りよがりのインターンシップにはなりませんが、企業の独りよがりになる危険性があります。

具体的には、マーケティングの観点を意識して、学生を「顧客」と想定し、顧客ニーズを捉え、先ほど定めたインターンシップの目的を検討します。端的に言えば、顧客ニーズを明確にすることです。ペルソナ像を設定し、学生のインターンシップに対するニーズを明らかにすることや、学生について、セグメンテーションやターゲティングを明確にして考えることなどがあげられます。

Point 4　学生ニーズを想定する

目的を踏まえて、参加する学生ターゲットを設定し、ターゲットニーズを想定した上で、プログラムを検討する

想定学生シート　2

企業が求める人材像	
推奨する学生（文系・理系・学年）	推奨するスキル・能力
インターンシップのタイプ	時期・期間・募集人数
参加学生が、インターンシップに求めるものは？	
自社のインターンシップで提供する内容	

学生のニーズを把握するためには、新卒社員や若手社員、内定者にも協力を得て、最近の就職活動の状況や、企業の選び方などの情報を収集し、自社が優位に実施できる武器の存在を検討することは有効な手段の1つです。内定者や若手社員にヒアリングをするだけでなく、プロジェクトチームに加えて一緒に考えることも有益です。

次に、ターゲット学生を絞り込んで、学生のニーズを想定します。ターゲットをある程度絞るのは、1年生・2年生と、就職活動の時期における採用直前のインターンシップの場合ではニーズが異なることを考えると分かりやすいと思います。就職活動の経験が乏しく、企業で働くイメージがない学生を対象とする場合、一方的な業務説明だけでは理解度が低い可能性もあります。その場合は、丁寧なレクチャーを加えることが有益です。一方で就職活動時期が迫る学生は、社会で活躍できる実践的な力（エンプロイヤビリティ）を身につけることなどが有益です。

学生のニーズを想定し、インターンシップの目的と、**学生のニーズを合致させる内容のプログラムを検討する**ことが必要になります。

●働くこと・社会について知りたい

　対象企業に興味がある
　業界の情報を知りたい
　職種について知りたい

●就職活動の準備をしたい

　自分自身が何をしたいかがわからないので自己分析に役立たせたい

●自らのスキルアップのため

　挑戦の機会、コミュニケーション能力向上
　社会で必要なスキルの理解
　社会で必要なスキルの習得

●社会で働く姿をイメージしたい

　将来のキャリア設計のため社会人と接点を持ちたい
　志望する企業や業界と自分との相性確認

●視野を広げたい、いろんなことを吸収したい

目的選定シート　3

学生のニーズ	企業の課題

インターンシップの目的

インターンシップの内容

期間・時期・回数・募集人数

プログラムの特色

その他

ここまでのプロセスを実践することで、多くのインターンシッププログラムは学生のニーズによりそった内容になると考えられます。

企業の状態を正しく捉え、学生のニーズを正しく捉え、双方に合致する内容として、インターンシップの目的を定めた上で、具体的なプログラムを検討していきます。

インターンシップの目的と学生のニーズを1回のインターンシップで精度高く合致させるのはなかなか大変です。特に大企業になればなるほど、自社の状況を把握して目的を定めることや、社内での合意形成を図ることが大変だと思われます。また、学生ニーズの把握に関しても、後ほども触れますが、学生は千差万別であり、**ターゲットを絞って検討する**必要があります。担当者と学生の年齢の差からジェネレーションギャップが生じ、価値観も異なることから、把握するのが難しいと思います。最初は、完璧を目指して時間をかけすぎるのではなく、小さくはじめながら、回数を重ねる中で改善してよりよいものに改善することが大切です。

Point 5　インターンシップの目的と学生ニーズの合致

目的が、学生ニーズを踏まえたものになっているか再検討し、必要に応じて調整・修正する

(3) インターンシッププログラムの作成

インターンシップの目的が決まったら、その次は目的に合致したインターンシッププログラムを作成します。

プログラムの内容は、個別企業ごとに制約条件が異なります。また、個別事情も存在するかと思います。予算や担当者の人数なども異なることが予測されます。

しかしながら、各企業において共通して検討が必要な内容も存在します。例えば、インターンシップ全体を計画し、スケジュールシートを作

成することや、役割分担表を作成することです。

こうしたシートは社内の関係者に共有することに加えて、参加する学生に対して、インターンシップの当日や応募時に提示することによって、インターンシッププログラムの状況を共有することが可能になります。

また、事前にスケジュール表を作成することによって、開始前に全体の工程を検証することが可能になり、作業時間の確保やプログラムにかける時間や内容の調整ができるようになります。

特に、インターンシップガイダンスの時間や、毎日の報告時間や、相談の時間を一定時間確保し、企業と参加学生がコミュニケーションを取れる工夫をすることが大切です。

その上で、学生のインターンシップにおける活動イメージを想定して、インターンシッププログラム全体のスケジュールを検討することになります。学生が十分に取り組めるような時間を想定することが必要ですが、初めて実施する場合は、時間が足りなくなることや、余ってしまう可能性もあります。そこで、ある程度柔軟に対応できるような運営を想定することも必要です。また、実施後に改善して、適切な時間にすることがポイントとなります。ただし、参加する学生によっても異なる可能性も高いことにも留意が必要になります。

このように、インターンシップの実施にあたっては、ある程度学生を想定しながら、適切な時間配分を検討します。うまく合致しない場合は、次回に向けて、改善を重ねて、学生の教育効果が最も高い、インターンシッププログラムへと進化させていくことが必要になります。

繰り返しますが、社内の関係者や参加学生に、タイムスケジュール、計画表を策定し、全体像を共有することが重要です。スケジュール表の策定により、全体の作業時間やボリュームと、インプットアウトプットのバランスなどの検討が可能になります。学生の状況がわからない場合は設定が困難ですが、想定して策定することが必要です。**試行錯誤と反省点の洗い出し、改善を繰り返すこと**が重要です。

短期間のインターンシップの場合、限られた時間で、実施する体験や経験の目的を共有し、体験プログラムの意味や意義を学生が理解できることが重要です。期間が短いと、簡単にプログラムが作れると思いがちですが、筆者の経験では、短期であればあるほど、学生に学びがあり、満足度が高いプログラムを作るのが難しいと実感しています。説明や単なる作業体験では、大学での講義と同じだと捉えられ、アルバイトと同じ労働だと不満を言う学生が現れる危険性もあります。インターンシッププログラムとして学生に学びがあるものとするには、事前に意図を持ってプロジェクトが設計されていることが重要です。

また、短期間の場合は、目的を明確に設定することがポイントです。要素を総花的に網羅すると、結果として消化不良になる危険性があります。5日以内のインターンシッププログラムであれば、テーマを1つに絞り、必要な知識や情報のインプットと、体験や調査分析、発表などのアウトプットのバランスを見ながら、毎日の報告・連絡・相談の実施と、中間発表、改善の時間、最終発表を設定するなど、発表の機会を複数回設定することで、学生が挑戦・省察・改善を複数回できる仕組みとすることが効果的です。

長期のプロジェクトの場合は、事前に全スケジュールを提示することは困難です。学生と関係者ですり合わせを実施し情報共有することが必要で、最終的なプロジェクトの目標共有が重要になります。イントロダクションでの相互理解と、学生の目標設定が重要となりますが、インターンシッププロジェクトを進めるにあたって、**初期段階で双方が適切に意思疎通ができることが成功のカギ**です。その上で、内容の微修正や、アドバイス、助言などを実施します。報告の仕組みや、困ったときに相談できる体制の構築が重要です。

Point 6 スケジュール表の作成

プログラムの計画表・日程表・役割分担を事前に完成させて、関係者で共有する

スケジュールシート　4

インターンシップの目的	

スケジュール

	午前	午後
初日		
2日目		
3日目		

注意事項	提出資料
・パソコンの使い方 ・入室可能場所 ・休憩時間・お昼時間 ・飲食可能な場所	・誓約書 ・保険加入の確認 ・緊急連絡先

連絡先

業務中：
学生が急病などの場合の連絡先：
緊急連絡先：

実施プロジェクトが、企業にとって目指すべきもので、担当する部署や担当者が望むものと合致し、対等な立場で同じ目標に向かって進められれば、力が合わさり、インターンシップの推進力が高まります。ただして学生にポテンシャルや能力があり、時間的に実現可能な場合などの条件を満たしたマッチングが必要です。学生の状況に合わせて役割を調整し、プロジェクトを進めることや、学生の目標と合致する内容を調整することも重要になります。

なお、期間に限らず、インターンシップの内容が知識や情報などのインプットに傾斜しすぎると、消化不良に陥いる可能性あります。学生が理解できる内容を、適切な量と適切な難易度で提供することが必要です。また、「わかる」「聞いた」から、「使いこなし」「実践する」には段階があります。アウトプットするためのしかけの設計が重要です。アウトプットに偏ると、企業が学生に丸投げしていると受け取られるリスクもあり、単純作業や労働力として使われたと感じられる危険性があります。インプットとアウトプットのバランスを考慮し、意図をもって設計することが大切です。

仕事は楽しいことばかりではなく、地道なコツコツとした単純作業を繰り返し、付加価値を加えて、形成されるものだと考えられますが、働いた経験がない学生にとっては理解できないこともあります。このため、丁寧な目標・目的の説明が求められます。

(4) プロジェクトシートの策定

次に、これまでのワークシートを1枚の**プロジェクトシート**にまとめます。企業の状況、学生のニーズ、インターンシップの目的、スケジュールをまとめます。面倒だと思われるかもしれませんが、1枚にまとめ直すことで、インターンシップの目的と実施内容が整合しているかを確認ができます。この際に、違和感を感じた場合は修正が必要です。

感覚的に実践した場合は、企業がやりたいことを学生に押し付けすぎていたり、社内の課題や人材の育成計画と求める人材像が異なり、インターンシップの内容がずれすぎていたり、想定するターゲットの学生イメージとインターンシップの内容がずれている危険性があります。プロジェクトシートを活用することでこれらのリスクを低減させることができます。

プロジェクトシートは、当初に1回作成して終わるものではありません。**事後の振り返り**、**改善**により、**自社独自のプロジェクトシートへ進化させることが重要**です。毎回のプロジェクトシートは保管し、改善部分を見える化しておくことも重要です。

人事担当者1人や経営者1人で完結する場合は、特には必要ないと感じるかもしれません。ところが、自分1人にノウハウが寄ると、他の人が再現できず、自分1人でできる分だけのインターンシッププログラムになってしまいます。役割分担を明確に、他の人が実施しても同様の内容ができるように汎用化することを意識し、必要な人たちを巻き込みながら実施することが必要です。プロジェクトシートは、担当者の中のノウハウを見える化し、関係者に共有する要素もあります。

Point 7　プロジェクトシートの作成

プロジェクトシートとしてまとめて、見える化してからプロジェクトをスタートする

プロジェクトシート

企業名	業種	従業員数	設立
企業理念 企業の戦略など			
インターンシップの目的			
インターンシップの詳細 実施時期 日時（日数） 開催場所 対象学生 応募方法			
学生に対するメッセージ（インターンシップの成果）			

5

担当者	作成日
自社の外部環境	自社の課題

インターンシップのスケジュール

インターンシップ プログラムの特色

その他（注意点など）

(5) 事前準備

上記のプロジェクトシートの完成は、よりよいインターンシッププログラムを作るために重要ですが、リスクマネジメントの面で、いくつか検討すべき項目を紹介します。

①誓約書

学生と誓約書を締結します。昨今では、学生が悪意なくSNSで発信することも考えられますので、牽制する観点でも誓約書は効果的に機能します。企業が単独で実施する短期間のインターンシップは、誓約書などを締結しないで実施するケースもありますが、産学連携の実施や、長期間の実施の場合、「誓約書」や「覚書」などを締結することが必要です。学生が事前に企業と締結する場合や、インターンシップの初日に記載する場合などがあります。大学と連携したインターンシップの場合は、企業と大学で締結することや、学生が大学に差し入れる形で大学から企業に送付する形もあります。

また、誓約書の有無によらず、社外秘の情報などを取り扱う内容はインターンシッププログラムとして相応しくない可能性が高いことから、選定段階での選別も重要となります。

〈内容の一例〉

- 実習期間中には、名誉毀損する言動をしません
- 知り得た情報は、SNSなどへの投稿はしません
- 故意又は過失により損害を与えた場合は、弁償します
- 企業の就業規則、諸規則に従います

など

②保険

保険に関しては、企業でまとめて加入するケースと、学生が加入することを条件とする場合があります。保険会社が個別に対応するインター

ンシップ保険に企業として加入する場合や、日本国際教育支援協会による、「学生教育研究災害傷害保険」「学生教育研究賠償責任保険」などへの加入を、インターンシップに参加する学生に参加の前提条件とするものがあります。保険料は、数千円以内で、実験や実習を予定する学生は、入学時に在籍年数分の加入が大学で推奨されているケースもありますので確認するとよいでしょう。

③その他

その他の細かい点ですが、勤怠管理の面や、鍵の開け閉めなどのルールを整理することが重要です。学生に対して、業務の範囲や、企業内での立入箇所、行動範囲などを規定することでリスクを軽減させることも検討します。

また、社内の関係者の具体的な役割の明確化が必要です。役割分担に加え、関係者一覧や、関係部署、パソコンのレンタル、緊急連絡先、問い合わせ先、困ったときの対策集などを、資料にまとめ、可視化し共有しておきましょう。

〈事前準備の一例〉

- 誓約書や覚書などの締結
- 保険の手続き
- インターンシップの注意事項（社内ルール）の作成
- 開催日時・集合場所・連絡先どの送付
- ネームプレート、パソコン、説明資料などの準備
- 昼食、飲食場所、休憩場所などの案内
- オフィスルール（入室場所、立入禁止場所、手洗いなど）の作成
- 集合時間・場所、緊急時の連絡先などの作成
- 関係者の連絡先一覧の作成
- 参加学生の連絡先一覧の作成
- 社内外への関係者への連絡

など

3 募集

インターンシッププログラムの「設計」が完了したら、「募集」を検討します。よいインターンシッププログラムを作っても、参加者がまったく集まらなければ意味がありません。また、よいインターンシップの場合であっても内容が伝わらなければ、同様に意味がありません。

(1) 広報戦略

広報に関しては、採用でも人気ランキング上位の企業や大企業は、ある一定の予算や自社のHPを保有していることから、多くの学生のエントリーが期待されます。一方で、インターンシップを実施したことがない企業や、採用予定人数が少ない企業では、状況が異なります。どの企業も苦労する点ですが、社内の限られた予算のなかで効果的に学生にアプローチする広報戦略を検討することが必要になります。

学生を集めるためには、学生のターゲットを明確に定義することが重要です。まず、ターゲットとする学生の嗜好を検討します。そのために、マーケティング手法を活用し、**想定像をイメージ**し、学生がよく目にする広告媒体を検討します。また、**ターゲット学生に響くようなキーワード**も検討します。最初はうまくいかないかもしれませんが、試行錯誤を続け改善することが重要です。実施時期や期間、応募方法や目的などについても、ターゲット学生と合致すれば応募が増える可能性があります。

可能な限り、自社のHPなどでインターンシップに関連した情報を載せて発信できれば、関心を有する学生が検索し、インターンシッププログラムや企業のイメージを掴むことができて有益です。

広報戦略シート　6

インターンシップの目的
ターゲット学生
インターンシップの内容
広報方法 ・学生への周知の方法 　媒体の活用　　　　　　パンフレット・チラシ 　HP、メーリングリスト　動画の作成・活用 　大学への依頼 ・応募方法（募集要項） 　先着順・エントリーシート有無 ・開催時期・開催回数（日時） ・申し込み定員 ・スケジュール 　社内検討　　　　　　〇月〇日から〇月〇日 　外部への依頼　　　　〇月〇日から〇月〇日 　学生募集期間　　　　〇月〇日から〇月〇日 　応募締切ー事前準備　〇月〇日から〇月〇日 　開始　　　　　　　　〇月〇日から〇月〇日 ・担当者 ・その他

(2) わかりやすさが重要

広報戦略の次は、学生に向けた募集要項やチラシなどを作成します。インターンシップの募集において重要なのは、わかりやすく、正確に、魅力的に伝えることです。

ターゲットとなる学生を想定し、インターンシップの目的や概要を踏まえて、詳細なプログラムや参加による効果を明示し、企業情報や自社の特徴などの情報を記載します。さらに、経営者のメッセージや人事担当者のメッセージ、様々な部署の働き方や、内定者や参加者の声などを載せてもよいでしょう。

ただし、情報の密度が濃すぎると学生が読み飛ばしてしまうことに留意が必要です。したがって、わかりやすいチラシと、詳細が記載された募集要項などの2種類を作成することが大切になります。自社のHPを検索すれば、詳細がわかる設計が好ましいと思います。

Point 8 広報

プログラムの特徴を正確にわかりやすく学生に伝える

広報詳細シート　7

インターンシップの目的	
インターンシップの概要	
ターゲット学生	
参加によって期待できる効果	インターンシップの詳細
企業情報	自社の特徴
経営者・部長などの声	人事担当者・若手社員の声
応募方法・締め切り・問い合わせなど	

(3) 企画書の作成

事前段階の「設計」と「広報」を融合して、**企画書**として作成し、社内の関係者に共有することが重要です。

企画書は、社内での合意形成の決裁書の意味合いと、社内関係者への情報共有の観点での両方の面で有益な存在です。

インターンシップの目的を明確にし、諸条件を企画書に落とし込み、社内で合意をすることが大切です。

繰り返しになりますが、企画書の内容は各社でそれぞれのルールがあると思います。そのルールをベースとした上で、インターンシップの目的から、学生ニーズとそのプログラム内容が大枠で固まることによって、社内リソースを使い、期間や内容を検討して、イメージを具体化させます。全体の情報を、企画書の作成により、関係者で同じ情報が共有されます。

作成したプロジェクトシートや、他のシートも添付書類とすることで、関係者にインターンシップの目的と実施内容を明確化して共有し、インターンシップの企画書がわかりやすく、充実した内容になります。

Point 9 企画書の作成

概要を企画書にまとめて社内で共有する。社内の関係者への共有と次回以降の継続・発展につなげる

企画書シート　8

○年度　インターンシップの実施

○年○月○日
作成者：○○

・インターンシップの目的
…を目的として、インターンシップを実施

・時期　　　　　　　　　　　　　・日時

・参加学生数

・主なターゲット学生

・広報の方法

・予算

・インターンシップ概要

・インターンシップのスケジュール

・実施に向けたスケジュール

社内検討	○月○日から○月○日
広報期間	○月○日から○月○日
応募締切ー事前準備	○月○日から○月○日
インターンシップ期間	○月○日から○月○日
振り返り・報告	○月○日から○月○日

・その他
関係協力部署：
社外への依頼：

4 実施

(1) イントロダクション・ガイダンスの重要性

インターンシップの実施時には、企業ごとにプログラムが異なり、担当者に依存する可能性があります。一方で、イントロダクションや、学生の目標設定、学生の提出する日報、振り返り資料、学生の能力チェックリストなどについては、標準化が可能です。

インターンシップの実施にあたっては、冒頭での**イントロダクション・ガイダンスが重要な役割を果たします**。学生がインターンシップを有益なものにするためには、事前段階で自己理解ができ、目標があり、参加するインターンシップと事前の期待値とのギャップが少ない状態にすることが重要です。イントロダクションなどの機会で、本番の体験・実習・課題解決・協働に、本気で取り組めるような事前の目標設定などのマインドセットが重要となります。企業にとっては大学生が個人でやるものと思うかもしれません。ただし、学生の成長につながるため、重要な要素の1つだと考えられます。長期的な目線や、学生の満足度・評価を高めて、自社のブランドイメージを向上させるのにも役立つことと、**学生のマインドセット**がない状態ではインターンシップがうまく機能しないリスクが高く、最終的にはインターンシップの失敗につながってしまいます。企業が魅力的な内容のプログラムを作成したとしても、インターンシッププログラムに参加した学生が、本気で一生懸命取り組めないのであれば、努力も水の泡になってしまいます。一方で、マインドセットがうまくいけば、インターンシップの成功につながります。

インターンシップ期間が長いほど、当初に参加者とのコミュニケーションを図り、企業の狙いをきちんと伝えることが重要です。さらに、企業側にとって、学生の人物像や参加目的などを把握することが、プロジェクトを推進し円滑に進めるために重要だと考えられます。インターンシップの全体像の説明を実施し、インターンシップの参加による参加後の姿をイメージさせ、参加者個人の将来のキャリアイメージを明確化し、終了後、新たな目標を設定し、今後の学生生活が、豊かで前向きなものとなるよう構築することが重要です。ガイダンスでは、企業の状況で異なりますが、最低限インターンシップの目的の共有や、全体のスケジュール、企業の説明や、プロジェクトの背景・目標の説明が必要です。その上で、学生がやる気や課題意識を持ってインターンシップへ本気で取り組む気持ちを高められるか、つまり、**学生のマインドセットが、成功のカギ**になります。

Point 10 イントロダクション・ガイダンスの重要性

プログラムの冒頭の説明が、学生の参加意欲向上や理解度向上の成功のカギとなる

(2) 学生の成長サポートツール

①事前の目標設定シート

自己理解シート、目標設定シートは、本来は、学生が自らインターンシップに参加する前に取り組むものかもしれません。とはいえ、学生の学年が低い場合や就職活動に対する意識が進んでいない時期は、自己分析が進んでいない場合もあります。したがって、インターンシップの機会を有益な時間にするため、教育効果を高める観点で、事前課題やエントリーシートなどにこうしたシートや織り込むことや、スケジュールの一部として組み込むことも有益です。

②振り返りの機会・日報

参加人数にもよりますが、インターンシップの際には、極力毎日の日報を記載し、毎日実施したことを言語化し、フィードバックを実施することが望ましいと考えられます。学生にとっては、振り返りを実施することや、業務を通して得られたことをまとめる経験が少ないケースも多

学生の目標設定シート　9

名前	大学名	学部	学年
参加企業名	期間	インターンシップの内容	
企業研究			
企業の特徴			
業界・競合について			
将来の目標（大学卒業後の目標）			
現在の課題			
インターンシップ終了後の目標			
目標達成のために意識すること・具体的な行動指針			

日報シート　10

名前	日付（何日目）

本日の実習内容
実習を通して得られたこと・身に付けたこと
実習でできなかったこと、今後の課題として自覚できたこと
明日以降の目標
企業担当者のコメント

いため、学生の成長につながる可能性が高いと考えられます。企業側にとっても、学生の理解度や不安、助言方法やプログラムの修正に向けた材料になり、有益です。

また、一定の期間で、活動の成果に関する振り返りの機会を設けることは、特に長期間にわたるインターンシッププログラムにおいては、双方が期待する内容を達成するためにも重要です。学生が企業で働くことに慣れていない場合、報告や相談を行うこともハードルが高いかもしれませんが、報告（プレゼンテーション）の実施や、報告に対するフィードバックは、新たな気づきを生み、未来に向けた目標設定を可能とし、学修意欲・就業意欲の向上につながると考えられます。企業の方からのコメントや助言、叱咤激励によって課題意識を持ちながら取り組むことにもつながります。

Point 11　学生個人の成長フォロー

事前に学生個人の自己分析や課題・目標と、発表会の実施や振り返り・フィードバックの実施により学生の成長をサポート

(3) 学生のプロジェクトのサポートツール

また、プロジェクトをサポートする点も重要です。働いた経験がない学生に対して、日誌や報告を確認しながら、プロジェクトを進めるための困りごとなどを気軽に相談できるようなサポート役を用意し、コミュニケーションの機会を設けることも重要です。学生のマインドセット・目標設定や、学生が振り返るための能力把握のためのチェックリストを参考として添付します。企業ごとに、求める能力や、インターンシッププロジェクトの内容で含まれるものをピックアップしたり、追記するなどしてアンケート設計などで活用することも有益です。

学生の能力チェックシート　11

□ 敬語	適切な敬語を使うことができる
□ 挨拶	挨拶をきちんとすることができる
□ 関係構築	仲間・先輩と円滑な関係を構築できる
□ 指示の理解	業務（作業）の指示が理解できる
□ 質問	不明な点を質問することができる
□ ルール遵守	実習先の規則・ルールを守ることができる
□ 遅刻厳守	無断遅刻、無断欠勤なく実習に参加できる
□ 私語厳禁	業務（作業）中の私語を慎むことができる
□ メモの取得	指示・連絡事項に対してメモを取ることができる
□ 身だしなみ	頭・手・服装など身だしなみを清潔にできる
□ 文章作成	文章を作成することができる
□ 情報活用	（パソコンなど）情報ツールを使うことができる
□ 主体性	将来の目標を設定し、主体的に取り組むことができる
□ キャリア展望	業務を通じて将来働く姿をイメージできる
□ 自己理解	自らの能力・技術・技能を理解して行動することができる
□ 実行力	課題に対して最後までやりきることができる
□ 自己成長意欲	業務（作業）に対して積極的・意欲的に取り組む
□ 勤労意欲	集中して業務（作業）に取り組むことができる
□ 積極性	不平・不満を言わずに積極的に取り組むことができる
□ 巻き込む力	仲間や第三者を巻き込み協働することができる
□ ストレス耐性	困難に対してストレスをコントロールして対応できる
□ 日報	日報を作成できる
□ 報告	口頭の報告や報告書を作成できる
□ 相談	業務（作業）に関して適切に「相談」ができる
□ 判断	業務（作業）に関して適正に「判断」ができる
□ 創造力	課題解決のためのアイデアや解決策を生み出すことができる
□ 柔軟性（調整力）	意見の違いや方向性の違いを理解することができる
□ 情況把握力	周囲との関係性を理解し調整することができる
□ 業務支援	業務を支援することができる
□ 業務推進	業務を推進することができる
□ 課題発見	仮説に基づき課題を発見できる
□ 課題解決	課題を解決するための行動ができる
□ 提案	提案書を作成できる
□ プレゼン	提案書に基づくプレゼンテーションができる
□ その他	

Point 12　学生が取り組むプロジェクトのフォロー

報告・相談・連絡や、日誌の作成、困ったときの相談体制などを整備し、プロジェクト成功に向けたフォローの仕組みを作る

(4) 学生の振り返り

企業のインターンシッププログラムの最後には、発表会や成果報告などを実施することがよくあります。プロジェクトの最終発表を実施することは意義があります。その際に、関係者からのフィードバックも重要です。学生にとっても、本気で取り組んだインターンシップ期間の最後の成果に対する企業人からのコメントは印象に残るからです。

ポイントは、褒める点と課題として提示する点を両方述べることです。あまりに酷すぎる場合や、本当に素晴らしい場合はそのままでよいかもしれませんが、学生の成長の観点では、無理に褒められることや、課題を指摘され続けられることはあまり有益ではありません。重要なことは、学生自身が、インターンシップ期間を通じて何を経験したかをきちんと振り返る機会となることです。

- インターンシップを通して何を実践したか
- インターンシップの目標と、目標の達成度、理由
- もう一度インターンシップを経験するとしたら何を意識するか
- インターンシップを通して学んだことと学べなかったこと
- インターンシップを通して明らかになった良さ・強み、課題
- 今後の目標と、目標達成に向けた行動計画

企業は、学生に対して、振り返りと目標設定を頼むだけではなく、学生が内省できるようにサポートしましょう。自己理解を深めることと、今後の目標と、具体的な行動計画にまで落とし込むことが大事です。

学生の振り返りシート　12

名前	
当初の目標	
達成度と理由	
できたこと	できなかったこと
もう一度実施するなら何を意識して取り組むか	
何を学んだか？	なぜ学べたか？
明らかになった自分の良さ・強み	明らかになった課題
今後の目標	
今後の目標達成に向けた具体的な行動計画	

5 総括

インターンシップを実施しても、やりっぱなしで終わると、より良いプログラムを作れません。インターンシップは、学生を理解する貴重な機会でもありますので、学生からの企業に対する声も確認でき、次回への改善点を反映させることができます。

プロジェクトシートや企画書を見直し、当初の目標に対する結果を確認することが必要です。成果を確認するためには、参加した学生に対するアンケートや、発表会の設定や、普段のインターンシップの様子を観察し、第三者の社員による感想などを集約し、**プログラムの改良に向けた意見交換の機会**を設けることが大切です。

インターンシッププログラムが完了したら、内容を記録し、**関係者で共有すること**が必要です。報告内容は、事実の記録に加え、参加学生の実態や、アンケート調査による集計結果や、学生からのアンケートの声と、アンケートには記載されていない様子を観察し、改善点やよかった点を記載することが重要です。もちろん企業ごとのフォーマットがある場合は活用することで問題はありません。学生は、企業との関係性では、企業から採用される立場で、社会人と学生の年齢的な差もあり、アンケートや報告時にも、本音の回答が得られないことがあります。いわゆる空気を読んだ、当たり障りのない発言や、企業が喜びそうな内容の記載や発言をするからです。事実の部分と、想定の部分を見極めながら、インターンシッププログラムの課題や、改善点に対して適切な内容を記載することが必要です。

Point 13 アンケートなどの実施

改善のために、参加学生の感想・声・実態を把握する仕組みを作る

アンケートシート　13

1. 属性
 1　名前
 2　学年
 3　大学
 4　性別
 5　部活動・アルバイトなど
 6　インターンシップの参加回数
 7　参加動機

2. インターンシップついて
 1　インターンシップに参加時の目標
 2　目標は達成できましたか？
 3　その理由
 4　インターンシップの満足度（10段階　10が最高）
 5　その理由
 6　インターンシップを他人に紹介したいですか？（10段階　10が最高）
 7　その理由
 8　インターンシップを通して得られたことは何ですか？
 9　特に成長した点を具体的に記載してください

3. 5段階で回答してください（5が最高、1が最低）
 1　全体的な時間配分
 2　難易度
 3　開始のタイミング（実施時期）
 4　社員の対応
 5　プログラムの内容
 6　成長実感
 7　会社の理解
 8　企業で働くイメージがわいた
 9　インターンシップ初日のガイダンス
 10　社員との座談会
 11　発表会
 12　社員からのアドバイス
 13　その他良かった点があれば記載してください

4. 全体を通してよかった点

5. 全体を通して改善したほうがよいと感じた点

6. その他自由記載

最後に、先ほどの企画書の作成同様に、終了後に**報告書**を作成します。

この段階で、プロジェクトシートのなかで、次回に向けて改善が必要な点をチェックすることで、次回以降のインターンシッププログラムの改善がスムーズに進捗します。次回開始に1から実施するのではなく、この時点で次回の改善策を検討しておき、関係者のイメージが鮮明な時に、次回の変更案を相談しておくことが有益です。問題意識を共有し、実現に向けた方策を検討しておき、終了時に提示できると好ましいです。

何度も繰り返しますが、この**4つのステップ「設計」「募集」「実施」「総括」を繰り返し実施することが、企業にとってオリジナルで、学生にとってよいインターンシップにつながります**。最初の作成段階では労力もかかりますが、一度フォーマットを完成させれば、改善する際には、基準が存在し、さらには学生の理解度が高まっている状態で実施できることになります。したがって、よりよいプログラムになる可能性が高まり続けます。また、可能であれば、社外との情報交換や勉強会なども通して、よりよいインターンシップを実現する努力を重ねることが期待されます。

Point 14 総括

担当者や関係者、学生の声や活動の様子を観察し、総合的に全体を振り返り、次回に向けた改善案を検討する。
改善によってオリジナルのインターンシッププログラムへと進化させる

全体の振り返りシート　14

インターンシップの目的	
インターンシップの概要	
参加者について	
参加者アンケート	参加者の様子
企業担当者の声	関係者の声
よかった点	課題
今後に向けた改善点	

報告書シート 15

〇年度　インターンシップの実施報告

〇年〇月〇日

作成者：〇〇

・時期
・日時
・当初予定参加者数
・実際の参加者
・予算
・実際の使用金額
　差異の理由

・インターンシップの目的（当初）

・インターンシップを実施した成果・結果

・参加学生について

・アンケート

・インターンシップの振り返り
　・良かった点

　・次回へ向けた改善項目

　・担当者所感など

6 チェックリスト

4つの「設計」「募集」「実施」「総括」のステップごとに、企業におけるチェックリストを提示します。チェックリストは、プロジェクトシートなどを作成する段階でも適宜活用したり、プロジェクトの総括のタイミングで振り返る資料として活用することを推奨します。

企業ごとに状況も異なると思いますので、この内容を叩き台として、オリジナルのチェックリストを作成してはいかがでしょうか。50のチェックリストが多いと感じる方は、この中から大事な点を抜粋して、虎の巻として作成いただけるとよいと思います。

さらに、チェックリストを社内外での勉強会などで活用して、よりよいインターンシッププログラムになることを願います。

Point 15　チェックリスト

本書のチェックリストを活用し、品質向上につなげる。
自社の独自のインターンシップの品質基準リストを策定し、洗練された独自のプログラムに進化させる

チェックリスト

■ 設計

		チェック
1	企業の経営課題が明確になっている	□
2	採用戦略・人材育成計画が明確になっている	□
3	企業を取り巻く外部環境について理解している	□
4	社内の他部署の状況や課題を認識している	□
5	企業が学生に求める人材像が明確になっている	□
6	インターンシップの目的・位置付けが明確になっている	□
7	ターゲットとなる学生が明確に示されている	□
8	ターゲットとなる学生の理解ができている	□
9	参加学生に対する教育効果やそのための仕組みが整えられている	□
10	保険・守秘義務・緊急対応が事前に整備がされている	□
11	パソコンの活用や入退室などの学生が来たときのルールができている	□
12	社内の関係者との情報共有や事前協力依頼ができている	□
13	全体スケジュール表が作成されている	□
14	責任者・関係者・サポート役などの運営体制整備されている	□
15	企画書を作成し、関係者で共有している	□
16	プロジェクトシートを作成し、関係者で共有している	□
17	緊急時の対応や体制が整備されている	□

■ 募集

		チェック
18	広報戦略が練られている	□
19	募集要項にターゲット学生、目的や内容、参加による効果が示されている	□
20	募集要項が魅力的な内容になっている	□
21	ターゲット学生に届くような広報が実施されている	□
22	自社のHPなどで詳細内容や参加者の声などが記載されている	□
23	企業の情報やプロジェクト内容を検索して確認できる	□
24	学生からの問い合わせ対応ができる状態になっている	□

■ 実施

		チェック
25	学生の成長の仕組みが整えられている	□
26	イントロダクション・ガイダンスが設定されている	□
27	学生がプロジェクトの目的を理解できる状態になっている	□
28	外部環境・業界・企業について、参加学生が理解できる内容になっている	□
29	就業体験や擬似体験・実践が含まれ、仕事理解が深まる内容になっている	□
30	内容・目的を事前に周知し、学生が主体的に取り組める内容になっている	□
31	学生がインターンシップの目標を設定する機会がある	□
32	参加学生に対する難易度や時間配分が適切である	□
33	日誌を活用して学生の状況把握やフィードバックを実施する機会がある	□
34	報告の機会や発表の機会があり、適切な助言を実施する機会がある	□
35	途中の状況に応じて（必要に応じて）プログラムの修正が実施できる	□
36	社員に質問する機会や交流の機会がある	□
37	学生がインターンシップを振り返る機会がある	□
38	社内に相談役メンターの配置や相談ルールが制定されている	□
39	学生の状況を社内共有できる状態になっている	□

■ 総括

		チェック
40	参加学生に対するアンケートを実施し、結果をまとめている	□
41	学生の様子を観察し、次回のプログラム改善に反映させている	□
42	関係者に対するヒアリングやアンケートを実施し、結果をまとめている	□
43	関係者の声を踏まえて、次回のプログラム改善に反映させている	□
44	社内の関係者に対するプログラムの報告機会がある	□
45	報告書を作成し、社内で関係者に共有している	□
46	インターンシップの目的に対する効果検証が行われている	□
47	インターンシップマニュアル作成に取り組んでいる	□
48	インターンシップ留意点（虎の巻・チェックリスト）作成に取り組んでいる	□
49	外部との情報交換・意見交換を実施している	□
50	次回に向けたプロジェクトシートの改善に取り組んでいる	□

コラム 11
学生に対するイントロダクションの具体例

企業の人事担当者は、会社説明会や、内定者研修、新人研修、インターンシップと学生をはじめとした若者に対してプレゼンテーションの機会があると思いますが、新卒採用やインターンシップを久しぶりに実施する企業や、初めての担当の場合は、導入イントロダクションに不安を持つ場合もあると思います。

一般的には、企業の担当者紹介の後、学生に自己紹介などをすることもあると思います。学生が緊張していることによって、名前と一言で終わり、思いの外、冷たい空気で進んでしまう経験もあるかもしれません。

ここでは、すぐにできる簡単なコツを紹介します。

企業の担当者が自分自身の就職活動などの話を具体例として喋ると、学生が安心・安全な場と捉え、スムーズに話をすることが期待できます。また、グループで自己紹介などを実施する場合は、いきなり学生全員が仲良くフランクに喋ることは難しいので、まずは紙に書いてもらい、その後順番に発表するなどのステップを明示することも効果的です。

さらにフランクな雰囲気を作りたい場合は、例えばゲーム形式のアイスブレイクを取り入れるのもよいかもしれません。

- **他己紹介ゲーム**：まず自己紹介を2人1組で行い、次にグループメンバーに相手の紹介をする。
- **名前リレー**：前の人の名前を覚え、次の人につなげて話をします。「今永です」。二人目は、「今永さんの隣の野村です」。

このように、簡単なゲームを実施することも効果的です。

第 5 章

インターンシッププロジェクトの実際

「よいインターンシップ」を実施すること。

よいインターンシップとは、参加する学生に学びがあり、成長が促進されること。さらに、実施する企業がメリットを得られるWin-Winの実践になります。

本章でははじめに、企業が大学と連携したインターンシップを行うなかで、インターンシッププログラムを作るためのプロセスや、企業の事例などから、再現性の高い内容を中心に説明します。作成プロセスや、事例の提示により、プログラム内容を固定化することに導く危険性があり、悩むところでしたが、マニュアルを作成しプロセスの重要さを述べるだけではイメージが湧きにくいと考え、記載することにしました。特にインターンシップにこれから取り組むことになった方のヒントとして、自社のインターンシップを作る思考の補助になれば嬉しく思います。

プログラムを作るプロセスでは、部署、キーワード、事例の順に説明します。多くの企業で、一部分から取り入れることが可能で、大学生に対する難易度が調整可能で、学習効果が得やすい内容を中心に取り上げました。

本章は、企業のインターンシップ担当者に加え、大学関係者やコーディネーターなども読者に想定しています。多くの方に読んでいただくことで、よいインターンシップが世の中で増え、学生が成長し、将来社会で活躍することに貢献できれば嬉しく思います。

1 コーディネートプロセス

(1) コーディネーターによるインターンシップの視点

まず、主に大学、コーディネーターやインターンシップのプログラムを検討する立場から、プロセスを説明します。

- 企業情報をHPやパンフレットで調べる。企業の情報を担当者から教えてもらう
- 担当者や担当部署の仕事内容や領域をヒアリングし、課題を把握して取り組む内容を検討する
- 課題や取り組みたい内容を聞き、以下の観点に留意して、プロジェクト候補を絞り込む。絞り込む基準は、以下の点が挙げられる
  - 学生や若者、第三者の発想が有益（学生が実践可能）
  - 学生・若者の成長・学びの観点に合致
  - 協力を得やすい内容　など
- 上記の候補のなかで、難易度調整を行う。難易度が優しい場合は、より実践的な内容を組み込む。難しい場合は、フォロー体制や前提知識の提供を検討する
- タイムスケジュールを検討する
- プログラムを全体の日程表に落とし込み、関係者で調整する

前章までで触れたように、自社の検討ステップと似ています。企業の置かれている状況や課題を理解し、各部署や担当者の課題を把握します。その上で、インターンシッププログラムの候補を選定します。選定されたプログラムに対して、学生を想定します。学生が実現可能な内容を想定し、難易度と期間を調整し、企業関係者で協議します。期間や課題の設定、解決策の検討、実践やプレゼンテーションの実施や企画書作成などの要素を付加することで、ある程度柔軟にプログラムを設定します。

大学の教員としてインターンシップをコーディネートする場合、相手の要望に対して、プログラムを複数抱えていて、選択肢を提示できる状況にあると、企業と調整をうまくできます。

企業には、学生を多く受け入れたい場合と、数名程度を希望する場合とがあります。また、企業が既に実施しているインターンシップに加わる場合ならば、受け入れ可能という場合もあります。インターンシップの実施形態は、企業の熟練度やプログラムの内容を考慮し、協議し、調整することになります。受入時期も、企業ごとに事情が異なります。受入人数、形態（体験・課題解決・PBL・実践）、受入時期、インターンシッププログラムの内容、特殊な要望などの要因により決められます。

インターンシッププログラムの内容は、大学が一方的に企業に押しつけると、企業側から煙たがられることがあります。ある程度の枠組みのなかで企業と協議し、相手の意向を最大限汲み取る形が好ましいです。企業数と、受講学生のマッチングが最大のポイントになるので、受講学生を確保しながら企業数をコーディネートすることも必要です。すなわち、双方のバランスを捉えることが重要です。

企業にとって、学生との接点が少なかったり、学生への理解が不十分であったりする場合は、大学やコーディネート機関を活用すると便利です。コーディネーターごとに特徴は異なると思いますが、一般的には、コーディネーターが、学生の状況を踏まえたプログラム設計や、学生募集などを担いながら、マッチングのサポート機能を担います。

ただし、大学の教職員であれば、学生を詳しく知っているというわけでもありません。全学生の動向を把握するのは、大変なことです。PBL型の講義の実施や、ゼミなどのプロジェクト、少人数相手のグループディスカッション、ワークショップ、アクティブラーニングなどの形態で、学生が実践する様子に深く触れることで理解が深まります。一方的な知識を伝授する講義では、学生の実態把握は一般的には困難です。したがって全学年全学部で把握するケースは難しい場合もあります。

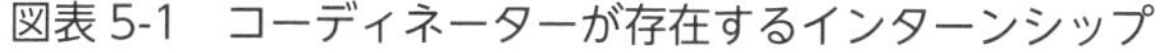

図表 5-1　コーディネーターが存在するインターンシップ

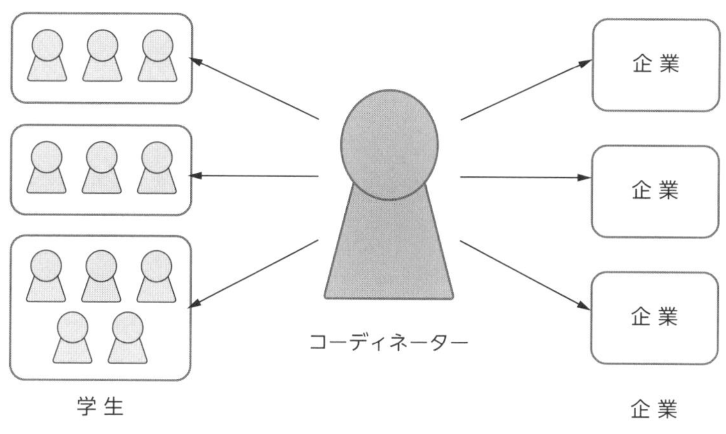

企業と学生双方のニーズ・実態を把握し、マッチングをする

コーディネーターの役割

	事 前	インターンシップ中	事 後
対学生	募集・面接 研修（目標） マッチング	伴走支援 フォロー 助言	発表会 振り返り 今後の目標
対企業	募集・面談 プロジェクト設計 マッチング	伴走支援 意見交換 内容の微修正	発表会 振り返り 次回への改善

(2) 企業と学生の関係性

次に、企業と学生の関係について触れます。ここでは、振り子に例えて説明します。

企業を左側の振り子、学生を右側の振り子として考えます。

双方が噛み合うためには、振り子の紐の長さが重要です。

はじめに、紐の長さは、企業のプログラム内容と、学生の熱意能力のマッチングになります。よいインターンシップのためには、この二つが噛み合うことが必要です。企業が考えるインターンシップの目的から、具体的に実施する内容と、参加する学生の熱意や能力をイメージしながら組み合わせを考えます。場合によっては、企業側にインターンシップ内容の変更や修正を提案します。参加学生の状況を伝えて、インターンシップを実施した場合にどのような状態になるかをイメージしてもらい、対話により改善を重ねることになります。

次に、玉の大きさは、双方の人数や時間配分になります。どちらかが多すぎると一方的なものになります。したがって、適切な時間配分や、参加人数を事前に調整することになります。

最後に、振れ幅はプロジェクトの難易度と学生のスキルになります。スキルは、ビジネススキルをイメージします。どちらかが強くてもある程度共鳴します。つまり実施するなかで調整が可能です。長期のプログラムであれば、設計段階では少し誤認していても、微修正により調整ができます。大切なのは、途中で微修正しながら、バランスをとっていくことです。

図表 5-2　企業と学生のインターンシップの関係性

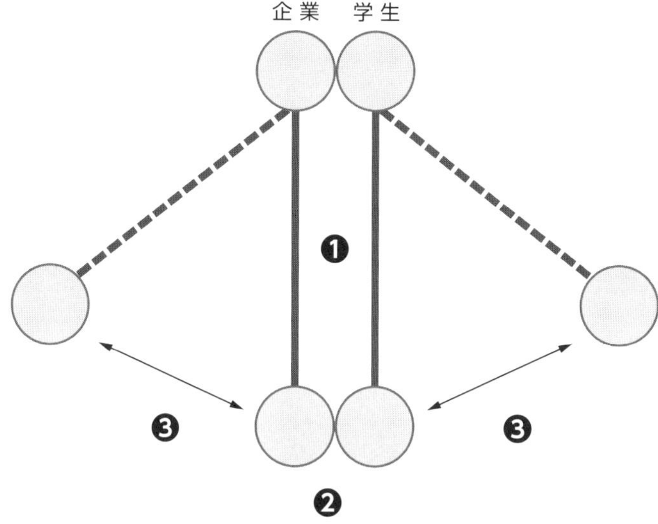

❶ 紐の長さ：企業のプログラム内容と学生の熱意・能力などのマッチング

重要 かみ合わないとプログラムがはじまらない

❷ 玉の大きさ：双方の人数、時間配分

途中での調整は困難。ある程度慎重な対応が必要

❸ 振れ幅：プロジェクトの難易度と学生のスキル

途中で調整・微修正が可能

企業と学生は、よいプログラムであれば振り子のように共鳴する

2 インターンシップのプログラムを考える視点

(1) 部署別の視点

「人事部」「営業部」「企画部」などの部署別に実施可能な内容を説明します。文系理系問わず参加が可能な内容で、多くの企業で存在する部署で、業務が存在する内容を設定しました。なお、記載の部署以外にも実施は可能です。

①人事

人事部で完結するプロジェクトについて説明します。

多くの企業では、インターンシップは人事部で管轄することになります。したがって、自部署で完結させるインターンシップに該当します。インターンシップを初めて実施する場合や、関係部署の協力が困難な場合は有益です。他部署に展開する前に、一度身近なテーマで実施することによって、インターンシップの実態がつかめるメリットがあります。

具体的なプロセスは、前章のプログラム作成段階に従って検討しますが、ポイントとしては、人事担当者が困っている課題で、学生・若者からのアイデアや意見をもらうことが有益だと思われるものをテーマとします。**留意点は、企業の内部情報は、守秘性の観点や個人情報保護の観点でそぐわないことです。**また、人材育成や社内研修は、働いたことのない学生に、会社で働く社会人の研修制度を構築させるということになり、テーマとしては難易度が高いと考えられます。

適した内容としては、例えば、自社の採用プログラムがあります。「顧客＝学生・若者」と合致する内容は、プログラムとして構築しやすいです。企業としては、学生に内定者や社員に対してインタビューを実施させたり、記事をHPに掲載して発信することがあります。そのような内容をイメージし、インターンシッププログラムに展開します。

人事部は、社内の関係部署との接点も多いのですが、学生に対して、企業内の部署の説明や、働く人の魅力を発信できていないことが課題の場合があります。その場合には、学生に様々な部署の社員へのインタビューの機会を設け、学生がインタビュー内容をまとめ、学生に自社で働くことや自社の魅力を検討してもらい、まとめもらうプログラムも有益です。聞くだけの内容であれば、難易度は低いのですが、何人かにヒアリングの機会を設けたり、誌面へまとめたり、発表機会を設定することにより、難易度や時間の調整が可能になります。

②営業・企画（商品の魅力調査　発信　インタビュー）

営業に関するプロジェクトについて説明します。企業ごとに営業の役割も千差万別ですが、比較的汎用性が高い内容について説明します。

人事部のプロジェクトと類似していますが、人事部のプロジェクトでは、社員の魅力を発信することを紹介しました。営業の観点・企画の観点では、自社の商品を外部にPRするプロジェクトなどがあります。学生から営業やマーケティング担当者へのヒアリングを行ったり、学生が商品を調査し、感じた魅力や特徴を書面にまとめたり、発表したり動画を撮影したりすることなどがあります。自社の魅力を理解するために、競合商品の調査や、商品企画者へのインタビューや参加学生同士での議論、社員との意見交換など、様々な内容を深掘りできるものです。実際によいアイデアは採用も可能です。営業・企画担当者が学生のアイデアや検討プロセスに対して、経験を踏まえて助言することで、学生は働くイメージを抱きやすくなります。

あるいは、新たな販路開拓に向けた調査・提案なども有益です。例えば、B to B（対企業向け）商品であれば、展示会でPRする内容の検討や、販路候補の企業の検討、企業への新規アプローチ方法の検討が考えられます。顧客情報などの守秘義務に対する留意が必要ですが、ある程度抽象化して提示することで、学生から営業提案方法に関して様々なアイデアの提案を受けられます。営業担当者は実際にはどのように実施しているかを前提知識として学生に伝えながら、学生が検討する内容に対してフィードバックをするとより有益です。長期のプログラムであれば、提案内容の改善を繰り返したり、実践できる内容は企業担当者と一緒に実施したり、学生が実践したりすることにより、インターンシッププログラムを発展させることにつながります。

③新規事業（外部環境調査、競合調査（リサーチ））

次に新規事業に関するプロジェクトについて説明します。

新規事業の企画立案実行は、0から1を作り出すことは一般的には難易度が高いです。高い難易度だからこそ優秀な学生が集まると思われるかもしれませんが、途中で挫折して終了する危険性があり注意が必要です。

この場合、プロセスを細分化して、一部分に特化して実施することがポイントです。例えば、企画立案のための「業界調査」や「顧客のニーズ調査」などです。業界動向の調査に関しては、インターネット上の情報や実際に現場に足を運ぶことなど様々な方法が考えられます。企業外への調査は、学生が大人数で自由に実施すると、迷惑をかけることもあり、自社にクレームが来ることもありますので、留意が必要です。自社で完結できる調査は、有益な体験になる可能性があります。また、調査資料やインターネットの調査で、調査が有益な場合は、データ収集と、分析加工に価値があります。注意点は、難易度が高くなりやすいため、一定の制約条件や前提条件を設け、前提知識をレクチャーすることや、途中のアドバイスの実施によるサポートが大切です。

学生のレベル感に応じて、調査の仕方やまとめ方などのレクチャーをどこまで行うかの調整がポイントとなります。プロセスをきちんと伝えることができれば、仕事のイメージを共有することが実現し、企業がメリットを得られる可能性があります。企画調査をとおして、企業が求める資料作成の理解や仕事に対する理解も深まります。資料をもとに、社内での擬似会議をセッティングして、学生がプレゼンテーションすることで、企業で働くイメージ向上につながります。複数の学生を受け入れる場合などは、すべての調査を単独で実施するのは負担が大きいですが、細分化しグループに分けたり、テーマを分割して実施することが可能です。

さらに、調査内容に対して、採算条件を付加することで、事業計画の策定につなげることや、新規事業の投資判断も実現することも可能です。とはいえ、難易度が上がり、時間も必要になりますので、参加学生の状況を踏まえて調整することが必要になります。

検討プロセスは、企業の仕事内容を担当部署や担当者ごとに洗い出し、学生ができることと、学生が実施するのに適したものを融合させることが重要です。学生ができることは、前提知識の点や協働プロセスに価値があるものなどが一例になります。実施に適したものは、企業秘密・守秘性や、個人情報などの観点で学生が取り扱うことが可能なものが挙げられます。

図表 5-3　部署別のプログラムの作成方法

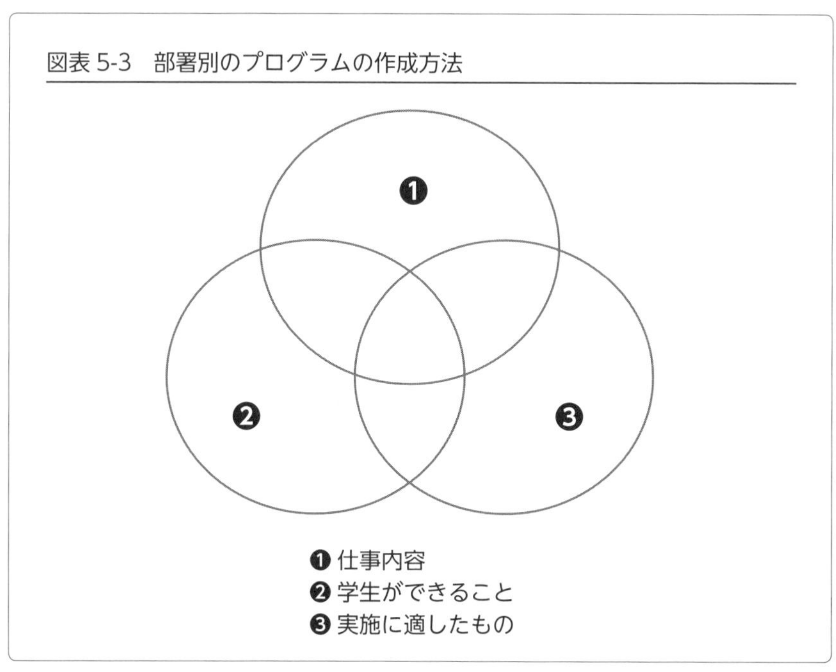

(2) キーワード別の視点

どのようなキーワード、テーマでもインターンシッププログラムは実現できるとは思いますが、企業が実施しやすいと考えるキーワードについて紹介します。世の中のトレンドになっているキーワードがあります。今後、キーワードは変化するかもしれませんが、そのプロセスを参考にプログラムを検討いただければ、応用が可能です。ここでは、「SDGs」「CSR」「デジタル革命」「働き方改革」などを例示します。

①SDGs／CSR

企業内でもSDGsやCSRの取り組みが加速されています。自社でSDGsやCSRの取り組みを行い、外部に対して情報発信を行っている企業も多いと思います。自社で実施している場合は、学生に説明し、**学生から取り組みに関する評価をもらうプロジェクトも有益です**。学生の主観での評価ではなく、先端事例や、業界団体の意向や、学術的な世界での著名な人のコメントなどを調査した上で、その内容と比較して、自社の取り組みがどのような状況にあるかを評価させることが挙げられます。評価基準や上記の調査内容をあらかじめ提示すれば、難易度は下がり、作業が進めやすくなります。一方で、完全に自由に設定すると、学生は調査することから開始し、評価基準を策定した上で提案することになり、難易度が上がるとともに、時間も必要になります。

あまり取り組みが進んでいない場合は、世のなかの動向や、他社の先端事例を紹介し、自社の会社の状況を説明した上で、自社で取り組む場合のアイデアを提案させることも考えられます。アイデアの斬新さと、自社との親和性や実現可能性との両面を考慮しながら提案してもらいます。長期的なプロジェクトであれば、提案内容を実践に向けて取り組むことも考えられます。

②デジタル革命

近年、企業を取り巻く環境は変化が大きく、なかでも情報に関連した技術革新のスピードはめざましく、IoT、ビッグデータなどのキーワードが注目されています。一方で、デジタルデータの活用に関しては、特に中小企業においては、悩んでいる企業も多いと思われます。企業改革を学生プロジェクトで実施することは、費用面でも、実現可能性の観点でも困難です。実施を試みる場合は、一部分を切り取って実施することや、学生が得意な部分に特化して実施することが考えられます。

例えば、SNSを活用するマーケティング活動は、企業としては実践したくても、実施できていない場合も想定されます。学生にとって馴染みの深いSNSであるInstagramの設計を協働して実施することも考えられます。最初に投稿を始めるのではなく、運営ルールを議論して決定し、ルールに従い実践することがポイントです。ルール策定のプロセスにおいて、企業内での仕事の進め方が理解できます。また、実践可能な内容を検討することで、その先の目標があることから、学生のモチベーションが向上することが期待できます。

または、クラウドファンディングを活用することなども有益なプロジェクトの1つです。クラウドファンディングは、インターネットを通じて多数の資金提供者を集め、投資や寄付などの形態で小口資金を資金調達者に提供する仕組みです。注意点や留意点はありますが、購入型のクラウドファンディングは、外部の支援者を募ることができ新規プロジェクトにも適したものの1つです。企業内では予算を確保して実施することが困難なものの、新たなチャレンジとして試したい場合などは有益です。ただし、期間も学生の情熱も大切で、企業の担当者も成功に向けて本気で挑戦できる場合に有効に機能します。

③働き方改革

企業内での業務改革に関するプロジェクトを検討します。会社の内部の制度に学生が触れることは抵抗があるかもしれません。もちろん、企業の内部情報や人事情報に学生が触れることはハイリスクでローリターンであるため、あまり推奨しません。しかしながら、業務の中でも、新しく付加価値を生み出す部分で、外部の意見が欲しい内容に着目するのは有益です。例えば、福利厚生制度の一環として、自社の福利厚生制度や人事制度を伝えた上で、新制度提案などを受け付けるプロジェクトが考えられます。この場合は、若者が会社に何を求めているかを捉えながら、他社の最新の制度の調査なども踏まえて、会社内で提案して実施するまでの疑似体験が可能となります。昨今では、働き方改革や、兼業・副業やプロボノなど、社外との協働プロジェクトについても徐々に取り入れられています。多くの企業では、社内的な整理ができておらず取り組めていないものの、社員の一部には制度があれば実現したいと考えている人もいると思います。新たに入社する若い世代の価値観を認知する観点でも、このようなテーマをプロジェクトとして実施して、意見交換の機会を設けることで、若者が就職したいと考える会社へと転換させるための情報収集にも活用ができるのではないでしょうか。

以上、3つの観点で説明しました。このようなテーマに対して、ターゲットを絞って学生を募集する際、当該分野の学習をしている学生に実施する場合、当該分野に精通した学生や情報感度の高い学生との接点を持ちたい企業の場合にとりわけ有益だと考えられます。

社会の変化が早い中で、企業が対応すべき課題は毎年のように変化し続けます。企業も変化が求められるなか、学生と一緒に新たな会社の制度を検討することは、中長期的な観点では有益だと思います。自社の常識が、世の中の非常識になっていることもあります。ムラ社会に居続けると、気付いたらムラの常識に泥沼のようにハマり、抜け出せなくなってしまいます。新たな風、新たな意見に触れることで、思考を復活させて、未来に求められているものを検討する1つのきっかけになると思います。

コラム 12
インターンシッププログラムのイロハ

インターンシッププログラムを初めて検討する場合は、どんなプログラムが適切か不安になると思います。本書では、インターンシッププログラムを1.仕事の説明 2.業務補助・体験　3.課題解決・実践、で分類しました。

1. 仕事の説明

通常の会社説明会の内容として、知識・情報を伝え、社員の生の話をする座談会やインタビューを儲けることや、施設・工場・自社の商品などの見学を含めた説明があります。インターンシップでないと言われる危険性もありますが、仕事の前提知識、前提条件として役立ちます。

2. 業務補助・体験

学生の受け入れが可能な部署や、担当者が実施することになります。自社の特徴が伝わる仕事内容や、学生がわかりやすい内容や、学生・若者の面倒見の良さそうな担当者を選定することがポイントです。

3. 課題解決・実践

答えがない内容で学生に意見を求めたいものや、企業の課題で解決策を求めるものなど様々なことが考えられます。作成に向けては、新入社員研修や、内定者研修で活用する内容や、担当者が外部の研修会や業務の発表の機会などで活用した発表内容をもとに期間や難易度を考慮して、カスタマイズして作成することもお勧めします。

学生の参加後のゴールイメージを意識し、プログラム内容を織り込むことがポイントです。要素が満たされているかを考えて、プログラムを作ります。仕事の説明の要素が全く無いと、学生がインターンシップに参加しても企業や業界、働く姿の理解ができなかったという結果に繋がりかねません。全体のバランスを考慮して策定すると良いプログラムになると思います。

3 プログラムの事例

次に、企業が具体的なインターンシップを実施した事例をベースに、一部抽象化して、プログラムの組み立て方や発展について説明します。

(1) 課題協働型プログラムについて(5日程度)

地域の中小企業で、新卒採用を毎年数名実施する製造業の事例です。担当役員が中心となり、インターンシップを大学と連携して実施しました。休みの期間に1週間程度で学生複数名(5名前後)が参加しました。

最初に企業と大学で調整したのは、インターンシップの目的や全体の日程の枠組みです。1日以上のインターンシップは初めてで、企業側に戸惑いもありましたが、日程表を提示し、中身の素案を提案することで、イメージが湧き、検討が進みました。

3回実施しましたが、大枠のフレームは図表5-4のとおりで、毎年同じような内容ではあるものの、企業の希望に基づいて、相談しながら改善を重ねました。

1回目は、自社の工場見学や、社員インタビューを通じた企業理解を目的として、社内報を作成し実際に完成させて配布しました。

2回目は、成果を実現させる内容を取り入れたいという申し出があり、大学側と協議してプログラムを検討しました。5日間の、インタビューや、中間発表、最終発表などはそのままにして、実際に販売している商品を使って、その商品に関するレポートをHPに記事として公開しました。

3回目は、社内からプログラムを募集し、新規の販路開拓先にあたる道の駅に対する提案書の作成を課題としました。インタビューの代わりに、店舗見学や、営業担当者へのインタビューや競合商品の調査、商品の納入方法のレクチャーを実施して、アイデアを具現化させました。

この事例のポイントは、イントロダクションで学生に企業とインターンシップの目的をしっかりと理解させるようにしたことです。さらに、毎日夕方には、1日の報告を行い、翌日の目標を確認し、朝礼に参加し、一言ずつコメントを求めました。そして、中間発表・最終発表の機会がありました。このように毎日の報告連絡相談の機会と、発表の機会や適切な指導・フィードバックがあり、質問しやすい環境を整えました。最終的な発表会が用意されていて、ゴールが明確になることで、限られた時間内に成果を出せる点が特徴です。

対象学年は1年生から3年生と幅広く、学部もバラバラでした。学年を問わず、インターンシップ経験者は、未経験者にアドバイスをする姿が見られ、お互いにサポートし合いながらグループで成果を出すことに向かって取り組む姿が確認できました。

図表 5-4　プログラムの特徴 1

	午前		午後	
	1	2	3	4
1日目	ガイダンス	企業説明	部署説明	1日の振り返り
2日目	体験・実習	体験・実習	体験・実習	1日の振り返り
3日目	説明など	グループワーク	グループワーク	1日の振り返り
4日目	中間発表	発表の振り返り	体験・実習	1日の振り返り
5日目	グループワーク	グループワーク	最終発表	1日の振り返り

下線部を標準化し、その他の内容は毎年、企業の課題や部署の課題で実施企業が求める内容・関心のある内容を学生が実施し、成果物を提示させる企業にとってもメリットがある内容のWin-Winのインターンシップとする

(2) 想定ケースでの課題解決（1週間程度）

企業が単独で実施するインターンシッププログラムの事例です。多くの学生が参加し、会社で働くイメージを鮮明にするためのプログラムで実践的な内容であることが特徴です。

業種はサービス業・飲食業で最終消費者向けの店舗展開を実施している企業です。業績を拡大しており、たくさんの新卒社員を採用したいと考えており、企業の様々な仕事の魅力を伝えて、ファンを増やすことを目的としています。

この事例では、複数の部署に協力してもらい様々なインターンシッププログラムを展開しています。人事担当者の留意点は、イントロダクションで、全体の説明と、学生のチームビルディングのサポートを実施（リーダーシップ、フォロワーシップ、役割分担、タイムマネージメント）することで、緊張した学生も、チームで取り組みやすくする工夫をしています。インターンシップのガイダンスや、発表の機会、学生の振り返りの機会などは共通させ、それ以外は、実際に企業で働くことをイメージしてもらうことを意識して、各部署と事前に協議し設計しています。人事担当者がコーディネーターの役割を担い、ワークショップは複数の部署で実施しますが、人事担当者の判断で、難易度や所定の時間などを同じように設定することが特徴です。各部署の仕事のリアルさを追求し、実際に検討するプロセスを考えられるような課題として、企業の実務担当者がワークショップに参加しながら、随時指示をします。

仕事体験擬似ワークショップのあとは、最終発表会を用意し、最後に実際の事例の説明や留意点、フィードバックなどを行います。その上で、振り返りワークシートを活用し、学生が学んだことや、当初の目的の達成状況や、今後の課題を記載し、学生の成長支援をしています。

特徴は、部署ごとの実践的プログラムの事前事後についてフォーマット化ができている点です。企業の課題で協働するため、中間報告書や最終レポートを提出し、提案内容でよいものは採用し、実践します。

学生にとっては、ただずっと様子を聞くだけだと、説明会と同じようになってしまいますが、リアルな状況設定で、実際に実践する人がいることによって、実体験の話を聞いたり、提案に対してプロの助言を受けることで、擬似体験というよりは、すでに実際に企業で働いている点が特徴です。

人事担当責任者が「学生1人ひとりの成長を支援し、全力を尽くし続けて、当社のファンを増やすことに情熱を掲げています。単なる人集めではなく、良い人材・当社が好きな人材に入社してほしい」と願い、こだわって情熱を燃やして実施しています。

図表 5-5　プログラムの特徴 2

	人事部	関係部署
1	プロジェクト紹介 企業紹介 アイスブレイク	
2	学生の自己理解・ 目標設定のワークショップ	
3	ワークショップのルール説明 (シミュレーション)	参加
4		各部署の仕事・課題の ワークショップ
5		中間・最終発表
6		実際の仕事の話
7	全体発表会・振り返り 学生の今後の課題など	

- 下線部を標準化し、その他の内容は各部署の課題で実施（人事部も有）
- 学生にとっては、企業で働くことの実態が把握できる
- 関係部署は同じスキームで実施することから、取り組みイメージを持ちやすい
- 他の研修（新人研修・中途社員研修）でも活用もイメージして設計可能

(3) 課題協働型プログラム（半年程度）

次は、製造業を営む地域の中小企業です。企業向けの取り引きが中心で、最終消費者に対する販売（マーケティング・広報戦略）を課題としていました。大学の講義の一環として15コマの講義としてインターンシップを実施しました。企業等から与えられた課題に対して、学生がグループで協働し、課題を特定し、解決策を具体的に提案する講義で、PBL型（Project-Based Learning）と呼ばれるものです。

3回実施し、毎年改善を重ねて企業が成果を得られる仕組みを構築しました。企業には4回から5回訪問し、企業や商品の情報を得たり、提案へのフィードバックや提案可否の判断を得たり、最終成果報告などを実施しました。図表5-6のフレームをベースとして、学生の理解度が高まり、学生も企業も成果が得られる実践的な内容に進化しました。

1年目は、企業が販売開始した新商品の売りを知りたいと考え、学生が身近な人に試食を実施し、特徴を明確化し、チラシやPOPを作成しました。POPなどは企業が後日実施する展示会で活用されました。

2年目は企業側も学生の状況を掴むことができ、企業側から新たなプログラム提案がありました。商品の認知度を高めることを目指し業界全体の商品の魅力度向上をテーマに、フォトコンテストを実施しました。運営と広報、審査について学生と企業が連携して実施しました。SNSを活用して、学生が中心になり、企業と相談しながら実践しました。

3年目は、2年目と同じ商品を対象としましたが、さらに実践的な内容とするために、最後の提案を商談会への参加へ変更し、学生と企業が連携して提案する仕組みを作りました。商談会に参加するためのスキームを大学側で構築するために、地元金融機関などとも事前に調整し、時期を合わせて実施しました。結果、成約したため、学生にとっては販売体験も実現しました。企業にとっても新たな販路開拓にもつながり、ビジネス上の成果を得ることができました。

次に、商談会の仕組みを説明します。この事例では学生と企業が連携し、商談会に向けてチームとなって臨むことが特徴です。学生が考えるアイデアと、提案内容によって、自社の商品がテナント事業者に対する新規納入が決まります。企業にとっては新規開拓の機会となり、受託できたらメリットがあり、失注しても損失はない状況です。これらを、地域の金融機関やテナントとなる運営会社と協議して仕組みを整える点がポイントです。クラウドファンディングを活用することでも同様の効果が得られます。

図表 5-6　プログラムの特徴　3

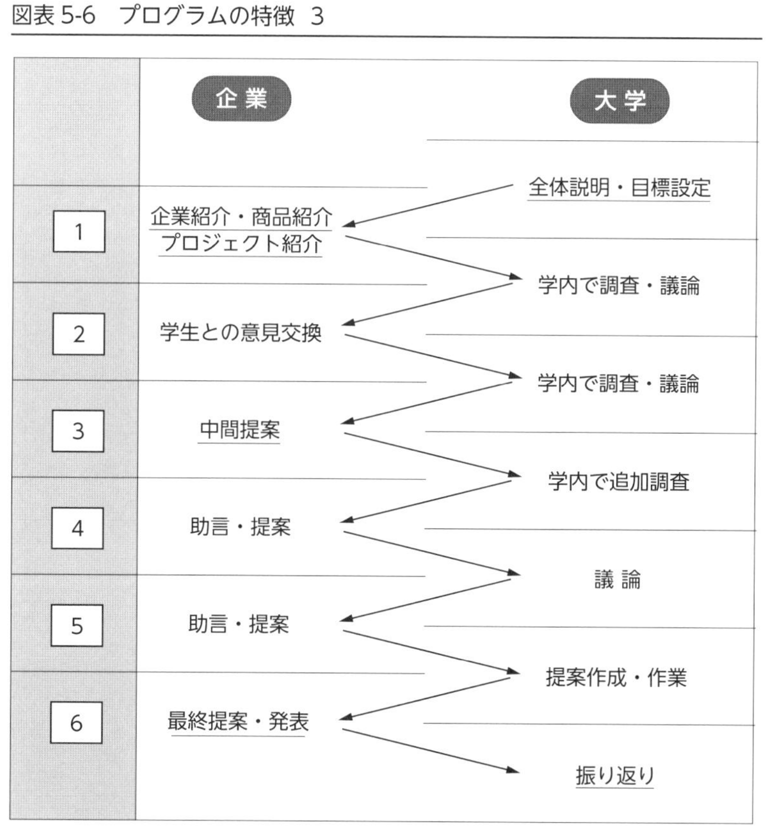

下線部を標準化し、その他の内容は毎年、企業の課題や部署の課題で実施企業が求める内容・関心のある内容を学生が実施。成果物を提示させる企業にとってもメリットがある内容のWin-Winのインターンシップとする。特に、3年目は最終提案を商談会として設定し、企業と学生が合同で提案（目標を同じに設定することで、協働するインセンティブが生まれる）

図表 5-7　学生による提案プロセスについて

企業分析	中間提案	最終提案	商談会	成 約
調査分析 提案内容を 複数案作成	企業へ提案し 議論実施	商談会への 提案内容を プレゼン	学生が同席 し一緒に 商談を実施	商品販売開始 販売体験

1段階目	2段階目	3段階目
企画・提案書OK ➡企業へ提案	受入企業が採用 ➡商談会エントリー	テナント事業者との 商談会 ➡成約で販売

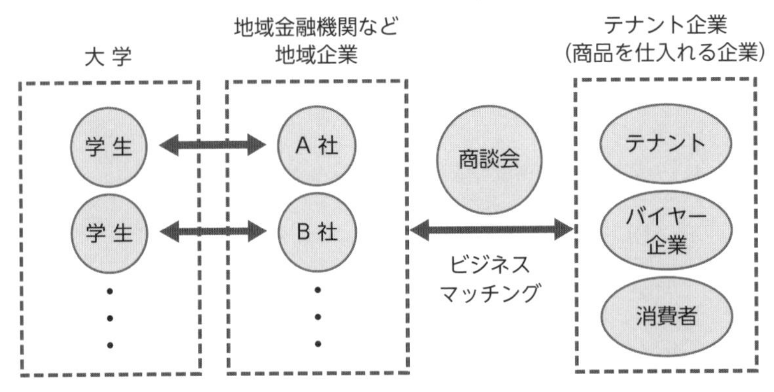

4 地域中小企業に対する実践型インターンシップ

(1) 実践型インターンシップのコーディネート団体

地域の中小企業は、求人に対する応募者も大企業に比べて少なく、採用が困難な状況が継続しています。そんな企業を支援するため、地域のNPO法人や行政などの団体が中心となって、実践的なインターンシッププログラムを実施されています。

東海地域を中心に、地域の中小企業と連携して、インターンシップを継続的に実施し、多くの学生を送り出してきたNPO法人G-netを紹介します。G-netは、2003年に設立され「地域産業の経営革新と、担い手となるミギウデ人材の育成に取り組み、地域活性を支える事業を輩出し続ける」ことをミッションとし、誰もがチャレンジの機会を保証され、支え合い、挑戦が評価されるということが連鎖する社会の実現を目指しています。2004年から東海地域の中小企業の長期実践型インターンシップを中心に、経営課題の解決や新規事業企画の伴走支援を実施してきました。いわゆるインターンシップ事業の老舗コーディネート団体の1つです。創業者は秋元祥治氏、現代表は南田修司氏で内閣府地方創生インターンシップ委員を務めています。全国各地のコーディネート団体と連携し、よりよいインターンシップを実施するための「品質基準」を定めるために、様々な関係者を集めて議論する会議なども実施しています。

同団体は、様々なインターンシップを実施してきており、企業の方々が実践する場合にも参考になることがあると思いますので、その一例を紹介します。

コーディネーターは企業と連携し、プログラムの相談と中長期のインターンシップであれば活動のフォローを実施します。そして事後には最終発表会を実施し、次回以降に向けた協議を実施します。一方で学生に対しても希望者と面談を実施し、受入企業とも面談・面接を実施。プロジェクトの内容に合致すれば受け入れることとなります。その上で、事前の研修、実施中のフォローアップ、事後の発表会・振り返り研修や、インターンシップ後の次のプログラムへ向けて個別にフォローアップすることが特徴です。

(2) 長期実践型インターンシップ

地域の中小企業は、経営資源に限りがあることが少なくありません。大企業とは異なり、新規事業を企画立案し、実行に向けて取り組むためのビジネススキルや経験を有した人材が確保できているケースは少数で、経営者が夢や想いを持って、実現したいと考えるプロジェクトがある場合も、人材に余力がないままに運営していることも多く、社内は日々のオペレーションに追われ、新たな取り組みを実施したくとも注力できない状況も多いことが推察されます。しかしながら、地域企業は、長年培われてきた技術力や、地域の伝統的な産業を支えるなどの特徴を有する場合も少なくありません。このような地域企業で春休みや夏休みを活用し、学生が協働して中小企業のリアルなビジネスを実践することを目指した取り組みが、実践型インターンシップです。

社長のミギウデとして、カバン持ちのように一緒に行動して中小企業の実態を把握することから、社長が考えるプロジェクトについて、企画をゼロから立ち上げることや、企業が抱える課題に対する解決策を検討し、社員と一緒に実践することなど、様々なプロジェクトがあります。

コーディネーターは、企業に対して、プロジェクトシートの作成に向けた協議を実施します。学生の面談に基づいて、マッチングも行い、企業に合致する学生の選定をサポートします。実際にプロジェクトが始まると、学生の進捗に応じて、コーディネーターが学生と企業の双方のフォローを行い、様子を観察しながら、プロジェクトの内容に関して微修正をしつつ、最終的には、期間内に最大の成果が実現する形のサポートを行います。

学生が商談会に出て契約を獲得することや、クラウドファンディングやSNSの運営を任され実現することや、補助金申請を任されて、申請書類のほぼ全てを記載して補助金を獲得するなどの成果をあげています。

コラム 13

中小企業の社長のミギウデ

中小企業の課題として、事業承継・継承に関する課題が深刻化しています。親族で後継者候補がいれば継承することが可能ですが、近年では該当者がいない事例も多くなっています。経営者の後継者候補となる社員を育成することも困難です。

そこで、将来の社長の後継者候補として、まずは社長のミギウデとして、入社するキャリアに着目しています。

〈ミギウデ社員の特徴〉

- 経営者のそばで実践的なやりとりを体感でき成長が加速する
- 経営者の実現したい新規事業などの企画を担うことが可能
- 経営者ができないような車内調整を担う

現状での課題は、ミギウデとして入社した場合は、社内に若手があまりいないため、相談などを同年代や歳の近い先輩にできない可能性があることや、大手企業で実施されるような十分な研修や、OJTによる丁寧な人材育成研修は受けられず、実践を通して身につけることになります。

以前から、ミギウデは、社長の近くで分身の役割や、社内調整を担ったり、企画を具現化したりしていました。とりわけ、金融機関出身などの財務に強い存在が、番頭役として社長にアドバイスを送ってきました。今後もこの役割は続くと思いますが、昨今では、時代の変化も激しく、若い新しい感覚や世の中の動きを把握し、テクノロジーを使いこなす役割も期待されています。

社長の想いに共感しながら、一緒に事業を作り上げていく存在が求められています。新しい時代のミギウデに求められているのは、テクノロジーの力を理解し、駆使し、さらに社長の経営方針を理解し、社内外の関係者と調整し推進することです。経営者のミギウデ・カバン持ちインターンシップがこのような形につながることも期待します。

(3) 複数社共同型インターンシップ（しごトリップ）

「しごトリップ」は、地域の中小企業で、各1日インタビューや企業の工場見学、座談会・ワークショップなどをする点が特徴です。

地域の中小企業3社に対して、別々の日に学生がグループで訪問する形になります。訪問の前にはG-netが事前研修を行い、その企業に訪問するための事前の調査や目標設定を行います。さらに3日間終了後には事後研修を実施し、企業に対する評価やアンケートなども記載して、振り返りを実施します。さらに、企業に対しては、学生の感じた感想やアンケート結果を提示することで、学生からどのように見られているかを理解できる点に特徴があります。

実施時期は、学生の参加が容易な春休み・夏休みの期間に5日間で実施されています。学生にとっては、単に中小企業1社への訪問・インタビューではなく、事前事後研修が含まれた5日間のパッケージプログラムということになります。学生は、知名度が低く採用活動を実施しない中小企業と接点を持つ確率は極めて低いのですが、G-netがコーディネートすることで3社と接することができ、さらに同じ仕組みを3日間体験することで、比較検討し、企業や業界、人物を見る目を養う機会を得ることができます。

今まで採用活動やインターンシップを実施しなかった企業にとっても、他社と共同して実施することで、負担も少なく、かつ学生の募集やプログラムの検討・実施が可能となります。

図表 5-8　しごトリップのプログラムの特徴

	NPO法人G-net	地域企業
1日目	全体説明 地域の中小企業について インタビューなどの練習 学生の自己理解・ 目標設定のワークショップ	
2日目 3日目 4日目	企業へのコーディネート	1日・1社ずつ ● 社長へインタビュー ● 若手社員へインタビュー ● 工場見学・会社見学 ● ワークショップなど
5日目	発表会・振り返り	学生の声・企業の評価を フィードバックし、 今後の採用活動・ インターンシップへ生かす

下線部は標準化されてどの企業においても共通する内容。
学生は、G-netに対する地域の中小企業を知る5日間のインターンシッププログラム
地域企業にとっては、負担は1日であり、さらに学生の声が確認できるプログラム

(4) 社会人向けプロジェクト（ふるさと兼業）

ふるさと兼業とは、「愛する地域や共感する事業にプロジェクト単位でコミットできる兼業プラットフォーム」として、実施されています。特徴は、実践型のインターンシップの参加者が、学生ではなく社会人であることです。要するに、社会人のインターンシップになります。「ふるさと納税」が出身地域や好きな地域、魅力的なリターンに対して支援するのと類似し、個人のスキルや技術、経験で地域の企業を支援する場になります。地域の企業がプロジェクト単位で、テーマ・課題を提示し、協力者を募集します。参加者は、給与や待遇などの条件ではなく、地域への愛着や事業への共感を起点として、兼業に挑戦したい熱意ある人材のマッチングが実施されます。

地域企業以外の本業を有する外部人材である兼業または無償のボランティア（プロボノ）として業務時間外にテレワークを活用して、中小企業の経営者と従業員と外部の応募者数名がチームとなって、地域企業の課題に3ヶ月間の期間限定で取り組むプロジェクトです。

通常、中小企業の新規事業は、保守的な社風などもあって、リスクを避ける傾向があります。一方で、外部の人材が集まって、様々な当事者が対話を通じて課題解決に取り組むことで、新たなアイデアが形になり、具現化・具体化が可能となります。さらにコーディネーターが調整役を担い、各自の経験や知識・人脈などが既存企業と組み合わされることで、地域の中小企業の新事業の加速に寄与します。

地域企業にとっての効果・魅力は、外部人材の活用による新規事業の成果の実現に加えて、当該事業を社内で担当する若手人材や、事業承継者候補が、リーダーシップを発揮する機会となり、事業を主体的に推進する経験が得られ、外部人材との協働による知識向上や、外部からの刺激を受けることなど、協力企業の人材育成面での効果があげられます。

コラム 14

プロボノ・兼業

プロボノと呼ばれる「スキルを活かした無償のボランティア」や、兼業・副業などが活発化しています。定義は様々ですが「パラレルキャリア」として仕事以外の活動にも並行して取り組む人たちが増えてきています。終身雇用制度が終わりを告げ、転職経験を有するなど、サラリーマンなどから独立して活動している人は、1つの企業・組織に属することに加えて、様々なプロジェクトに重層的に関与することが増えてきています。金銭報酬のみならず、自分のやりたかったことを実践できたり、ネットワークを構築できたり、様々な知識・経験を得ることができ、本業にも好影響をもたらすことも期待できます。

NPO法人G-netの「ふるさと兼業」などの事例では、社会人が自らの知識や地域や地域企業への想いに共感し、仕事の時間外にプロジェクトとして関与することになります。テレワーク機能などが充実し、時間や場所にとらわれず、自分のスキルを提供することができるようになったことも理由の1つになります。この動きは今後も拡大していくことが想定されます。

いずれは、企業内の人事担当者以外の人たちが、学生と協働教育を実施するプロジェクトが生じることもあるかもしれません。プロボノ・パラレルキャリア活動の1つとして、学生との協働教育が、企業の立場を超えて、その人が有する経験で、融合されて実施されることになります。大学教員にまでは仕事としてすることは求めないが、若い学生のために、自分の働く経験が役に立てば貢献したいと考える人たちが、共に学び共に成長しながら、教え合うようなインターンシップが成立すれば、学生にとっても働く社会人にとっても、世の中にとってとても素晴らしいことではないかと思います。

コラム 15

人生100年時代のインターンシップ

インターンシップは大学生のみならず、高校や中学校でも盛んに行われます。「社会で働く体験をする」という意味では全世代で実施されるものかもしれません。パラレルキャリアや兼業・副業（複業）、プロボノも社会人インターンシップの1つと言えます。すべての人がインターンシップを行う時代になりました。

大学教授が岐阜県飛騨市の市長のもとでインターンシップをした事例を紹介します。岐阜大学社会システム経営学環の髙木朗義教授です。2018年に29日間現地で市長のカバン持ちのインターンシップをしました。髙木教授は防災・まちづくりが専門です。民間企業での勤務経験もあり、社会・地域で活躍する人を輩出するために、学部生向けに地域の企業や地域のキーマンと連携し、まちづくりを体験するような実践的な授業も実施しています。「誰もが主体的に協働し、皆が幸せに暮らせる地域社会を創ること」を目指して岐阜県を中心に活動されています。

「インターンシップは学生のものという固定概念を壊して、いくつになっても、どんな立場になっても、学び続けること」が目的の1つだったようです。教え子には地方自治体に就職する学生も多く、防災研究などの観点では地方自治体の人たちと一緒に仕事をすることも多いので、公務員や地方自治体の人たちの仕事を外側からではなく、内側から見ることが狙いでした。

次の10年間のために50代でインターンシップを実践するのは、非常に珍しいのではないかと思います。もちろん髙木教授は体験して終わりではなく、成果発表会も実施され、学んだことを還元されています。また、この経験を生かし、公務員の人たちに対する実践的な研修プログラムを展開し、オープン・ソーシャル・イノベーションを実現しながら人材育成にも寄与することを今後の目標としています。

インターンシップは、年齢の枠が取り払われる時代が来ているのかもしれません。

第 6 章

新しい時代のインターンシップへ

1 新しいインターンシップのカタチが必要

ここまでインターンシップに関わる企業・学生・大学の見方や、インターンシッププログラムに必要なことなどについて解説してきました。しかし、ここまでやってもまだ課題は残ります。

大学は企業によるインターンシップと就職がつながることを懸念しています。それは就職活動の早期化や、さらに長期化につながると考えているからです。そうなると学生が大学の勉強に勉められなくなり、学生もそれを望んでいないと言います。しかし、企業の側としては早期からよい学生と接触したい、そして面接と試験を中心とした従来の「お見合い型」の採用活動ではなく、学生の人となりを理解し、企業への理解も深まるインターンシップによる「恋愛型」の採用をしたい、という意見もあります。

また、大学の勉強が役に立つものであるならば、学生は大学の勉強をより優先するはずだという意見もあります。これには一理あって、学生に聞くと、大学の勉強を優先したいという人もいれば、インターンシップの方が勉強になるという人もいます。こうした多様な意見があるなかで、1つの不幸な状況が生まれています。それが「ブラックインターン」の増加です。また、ブラックとは言えないまでも「グレー」なインターンシップも現れています。こうした問題を解決するためには企業・学生・大学の3者が納得できる着地点を見つけることが必要で、新しいインターンシップのカタチが求められているのです。

2 ブラックインターンシップ問題

(1) ブラックインターンと三大ブラック問題

「ブラックインターン」はインターンシップが増加するなかで増えてきたものです。昨今、労働に関する「ブラック化」は1つの社会問題となっており、**「ブラック企業」**や**「ブラックバイト」**などはよく知られているところです。そこに新たに加わったのが「ブラックインターン」です。筆者はこの3つを並べて**「三大ブラック問題」**と名づけましたが、これを学生に説明すると、とてもよく納得するようです。それほどインターンシップのブラック化は学生のなかでも知られており、問題化しているのです。

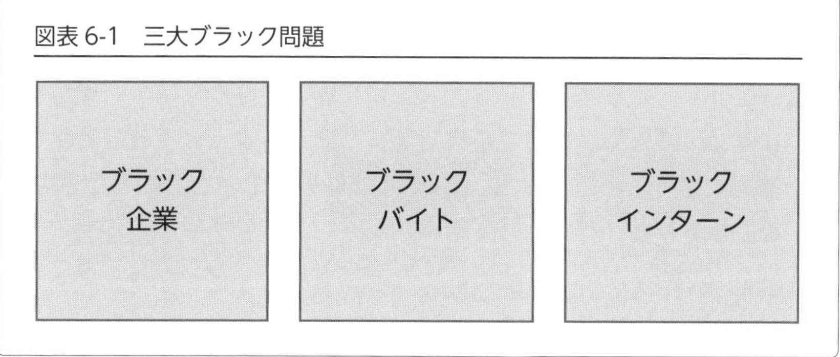

では、どのようなインターンシップがブラックなのでしょうか？これが「ブラック企業」や「ブラックバイト」とは少し違う状況にあります。ブラック企業とは労働時間に関する違法性があったりパワハラがあったり、労働者の権利を無視した企業に向けられるものです。また、ブラックバイトも同じで、ブラック企業が行っている状況のアルバイト版と言えば理解しやすいでしょう。しかし、ブラックインターンは違います。なぜならば、インターンシップに参加している学生はそもそも労働者ではないからです。そして明確なガイドラインが存在していないからです。ここに大きな問題があります。

そこで、インターンシップの名のもとに、アルバイトと同じ仕事を無償でさせたり、最初の説明と実際にやることが違う例が続出しています。もちろん、アルバイトが行う労働も仕事を理解する上で必要な体験なのであれば批判はできませんし、インターンシップであるとも言えます。しかし、単なる体験だけで、そこで教育をしていないのであればインターンシップではありません。

また、このような事例もあります。現在、アルバイトを集めることが難しい仕事で、インターンシップと言って呼びかけると学生が集まるというものです。人気のないアルバイトで人を集めようとすれば給与などの条件を上げることが必要で、1000円で募集していたものを1100円に上げるなどをしなければなりません。しかし、インターンシップは労働ではないので給与がありません。ここで「有給インターンシップ」と名乗って800円で集めると学生が集まってくるのです。学生のなかには「インターンシップは無償なのが一般的なのにお金もくれる」と喜んで参加しようとする人もいます。学べてお金も貰えるとなれば参加したくなるものですが、蓋を開けてみたら単なるアルバイトだという事例が出てきました。しかし、「これもインターンシップである」と企業が説明してたのであれば問題にすることは困難です。

コラム **16**

学年別のインターンシップ

大学の勉強は1年次は基礎力養成、2年次は一般科目、3年次は専門科目、4年次は卒業研究というように学年によってしっかりと計画されています。インターンシップが教育であることは解説しましたが、それではインターンシップも学年別の教育方法があるはずです。しかし、この問に答えられる大学はほとんどありません。それは、現状では大学はまだ学生へインターンシップへの参加を促している段階であり、その先にある学年別プログラムまで手が回っていないからです。

この問いに向き合ってきたのが「Mirai Ship（ミライシップ）」です。Mirai Shipは「未来に希望を抱く若者を増やす」をミッションとした社会的企業「TOiRO株式会社」が行っているインターンシップで、2015年にスタートした大学1・2年生向けインターンシップのパイオニアです。参加できるのは大学1・2年生に限定し、半年間のプログラムを無料で提供。卒業した学生のほとんどが他のインターンシップへ進む稀有なインターンシップです。プログラムもユニークで最初はビジネススキルを教えることからはじめたのですが、学生の声を聞くなかでプログラムをバージョンアップ。いまではワークライフバランスやライフ+ワークキャリアデザイン、社会人基礎力の教育などを行い、大学の単位認定インターンシップも手がけています。また、そのことから、いまでは全学年のインターンシップをプロデュースしています。

TOiRO株式会社の本業は人事コンサルティングや人財教育事業なので、企業と学生、若手社会人のサポート経験が豊富で、両者の違いを熟知した上での接続を得意としています。

大学にとっては学年と学部別、そして企業にとっては業種や職種別の特長や違いをよく理解していますので、インターンシップや採用、教育などに迷ったらこのような外部機関を活用することもよいのではないでしょうか。

(2) 曖昧さが生む「グレーインターン」

また、このような事例もあります。これはとてもよくあるもので、しかし大学関係者もそれを「当たり前の状況」として受け入れているおかしなものです。主に大学3年生を対象としたインターンシップにあるのですが、企業が何を目的としているのかを明確にしていないものがあります。もう少し詳しく説明すると、採用と教育のどちらが目的なのかが明確になっていないのです。3年生で参加する学生の多くは、そのインターンシップが採用につながると思って参加していますが、しかし、それが本当に採用につながるのかは最後までわかりません。これは企業側においては、インターンシップで採用することを大々的にしてはいけないという意識があるからでしょう。また、本当に教育のために社会貢献の一環として行っている場合もあるでしょう。しかし、そうした目的を明示することが現状では難しいことから、こうしたミスマッチはたくさん生まれています。そしてそのような状況を聞いた大学もそういうものであると理解してしまっているのです。

しかし、このことによって、最も被害を受けるのは学生です。貴重な時間をインターンシップに使ったのに、目的とは違うものに時間を使ってしまう。そしてそれを実施した企業にとってもメリットがないばかりか、悪い評判が広がってしまう。さらに大学も学生が就活の一環として授業を休んで参加している場合は、授業の欠席などを配慮しており、大学自身も被害を受けているとも言えます。しかし、このあいまいさを正すことはいまだにできていません。これは実に根の深い問題です。

このようなインターンシップは「ブラックインターン」と言えるほどのものではありませんが、**「グレーインターン」**や「プチブラック」と言えるもので、こうしたあいまいな募集や態度はすべての参加者にとって不利益でしかなく、早急に改善することが必要です。

図表 6-2　インターンのブラックとグレーの境界線

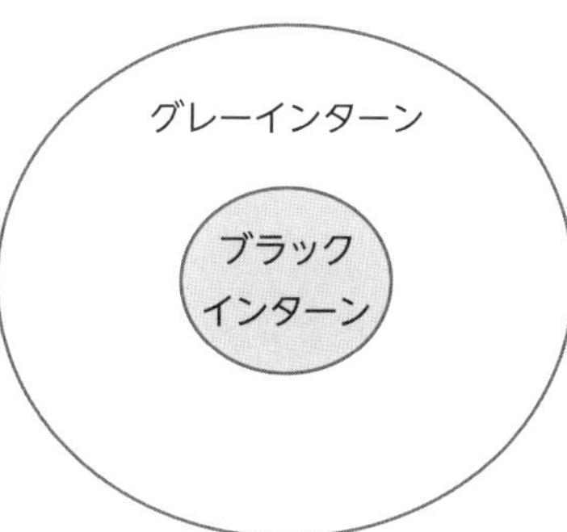

ブラックとまではいかないまでも、グレーなインターンはたくさん存在している

3 新しいガイドライン「グッドインターン」マーク

そこで生まれたのが新しいガイドラインです。これは企業・学生・大学の3者を知る一般社団法人インターンシップ共創センターが行っているもので、素晴らしいインターンシップを普及するための活動です。

ガイドラインの策定にあたってはCSRの視点と、企業と非営利組織(大学等)との共創の視点から考えられ、学生のことを第一に考えた設計になっています。

内容は「グッドインターン宣言」と「グッドインターン認証」の2つの枠組みがあります。まず、グッドインターン宣言ですが、ガイドラインに沿った活動をすると宣言した企業に「グッドインターン宣言」のマークの使用を無償で許可するものです。ガイドラインにはインターンシップに必要な情報が網羅されており、企業がインターンシップを行う目的を明確にできるようになっています。そして、特筆すべきは採用目的であることも明記でき、このことで企業や学生が本音で向き合い、現実と乖離しないミスマッチを防げるようになっています。

また、インターンシップは教育であることを外せないので、参加することによって得られるものを記す項目があるのも特徴です。これは大学のシラバスに似ていて、そのインターンシップ版と考えれば分かりやすいと思います。インターンシップに参加することによって得られる教育や成果、そしてプログラム内容などを明記するようになっています。

そして「グッドインターン認証」ですが、上記の宣言をした企業から、希望する企業を認証するものです。「グッドインターン宣言」はCSRでいうところの、自社がコンプライアンスを守り、社会的責任を果たすということを宣言するものに近いのですが、なかにはそれをしないところもあります。よって、自社による宣言だけではなく、第三者機関が審査することによって、信頼度の高い評価を行うものです。

認証にあたってはさらに必要な項目などが増えることから負担は増えますが、よりインターンシップの質を高めるものになっています。

この2つのマークは学生にとって、よいインターンシップを見分ける大きなシンボルとなり、ブラックインターンやグレーインターンをなくす活動につながります。

図表 6-3　グッドインターンマーク

資料：インターンシップ共創センター

図表 6-4　グッドインターン宣言と認証

名 称	グッドインターン宣言	グッドインターン認証
条 件	ガイドラインに沿った活動をすると宣言した組織	左の宣言の条件に加え、追加項目を行う組織
期 限	1年単位	1年単位
方 法	届け出た組織が使用可能	審査を通った組織が使用可能
費 用	無料	有料

団体情報

名 称	一般社団法人インターンシップ共創センター
代 表	野村尚克
URL	www.ccinternc.org

図表 6-5　グッドインターン　ガイドライン（※一部抜粋）

企業名			

	採用	仕事理解	その他
インターンシップの目的	○	△	△
目的の詳細			

参加形態	対面型	オンライン型	ハイブリッド型
			○

費用	参加費	交通費	
	無料	実費支給	

対象学年	
期間	
参加頻度	

インターンシップの概要	
参加によって期待できる効果	

企業情報	
業種	
従業員数	
住所	
最寄り駅	
その他特長	
詳細URL	

コラム 17

オンラインインターンシップ

2020年3月の新型コロナウィルスによる緊急事態宣言後、社会全体で外出の自粛や人との接触が避けられるようになりました。そして働く場所や学ぶ場所でも接触を避けるようになり、企業では在宅ワークが、大学ではリモートによる授業が行われるようになりました。

それはインターンシップにも影響を与えました。これまでは学生が企業に来て、対面で行われていたインターンシップがオンラインへ変更されるようになったのです。そこでオンラインインターンシップの特長について記します。

◆ツール

ツールはZoomやGoogle Meetなどのオンラインツールを使いますが、進め方は企業の会議とほとんど同じです。たいていの学生は大学の授業でツールを使ってますので、特に問題ありません。

ただし、オンラインを継続して接続すると、学生によってはWi-Fi環境が弱く、途中で接続できなくなる人が現れます。そこで、オンラインでつなげる内容と質疑応答などは分けるとよいでしょう。

◆補完ツール

そこで役立つのがビジネスチャットです。Chatworkなどのビジネスチャットは学生からの質問が一覧で表示され、他の学生も閲覧できるようなっています。このことで重複した質問を避けることができ、それを読んだ学生も、他の学生の質問意図や回答を知ることができます。

人数が少ない場合はLINEも便利です。参加者を同じグループに入れると情報が共有できるだけではなく、コミュニケーションも早くとれます。

◆スケジュール

学生が会社に来るのではなく、離れた場所から参加することから、中だるみや、参加している意識が弱くなることがあります。そこで運営にはメリハリが必要で、スケジュール管理はしっかりやっておくと良いでしょう。私がお勧めしたいのは最初と最後の挨拶をしっかり行うこと、そして1日のインターンシップの場合は午後一のスタート時にも参加者全員が集まることです。これを行うだけでも全員の参加意識が高まりますし、同時にその際にまとめて質問などを受けることもできます。

◆内容

オンラインインターンシップに適しているのは、説明とPBL（課題解決型学習）です。説明は自社や業界のことなどについて、パワーポイントなどを使用しながら行いますが、PBLは参加者をグループに分けて、開始と終了以外は学生たちだけで行動するようすることができます。ただし、こうすると途中で疑問が発生した場合に社員と連絡が取ることができません。そこで、先ほど紹介した補完ツールを用意して、そこには常に担当者がアクセスできるようにすることが必要です。

◆会社の雰囲気を伝える

オンラインだとどうしても会社の雰囲気が伝わりません。会社に来たからこそ感じられる雰囲気というものがありますが、そこでお勧めしたいのがライブ配信です。オンラインツールをスマホにインストールして、社員が社内を移動するのです。そこでは途中で企画部の人や営業部の人が現れ、仕事のことを説明します。こうした配信はむしろ学生の方が慣れていて、インスタ配信やSHOWROOM配信といったライブ配信に普段から接していますので、好意を持って見てもらえます。そして、それを見た学生のなかから希望する人については後日、実際に自社への訪問時間を作ってあげるとよりよいです。

◆オンラインインターンシップにはメリットがある

最後にオンラインインターンシップのメリットですが、これまでの対面型インターンシップだと学生がその時間中、常に社内にいました。そうすると常時対応をしなければなりませんが、オンラインだと効率よく対応することができます。また、情報管理がしっかりしている企業だと、学生を社内にいれることに苦労すると思います。ICカードが不要な会議室などで対応に当たることも考えられますが、オンラインであれば、そうした苦労が必要なくなります。

そして、オンラインでは一度に多数の学生へ対応することが可能です。説明も一度で済みますし、あとは学生同士が課題に取り組みますので、効率よく教えることができます。

会場費が不要な点もメリットです。多数の学生を集めたインターンシップの場合は、大きな会場を押さえなくてはいけませんが、オンラインの場合は小さな会議室からの配信で済みます。

最後に距離と時間の問題が解決できることです。これまでは遠い場所に住んでいて参加できなかった学生が、その距離を意識することなく参加できるようになります。これは学生にとっての費用が軽減されるだけではなく、移動も必要ないことから、時間の節約にもなります。学生にとってもメリットの多いものです。

◆今後はハイブリッドなどの３つ形態

このようにメリットの多いオンラインインターンシップですが、今後も導入する企業は増えていくことが予想されています。その際には、オンラインのみを行う企業がある一方で、オンラインと対面の「ハイブリット型」を行う企業も増えるでしょう。実際に行ってみるとわかりますが、「対面」「オンライン」「ハイブリッド」には各々長所があり、企業の目的や学生のニーズに合わせた多様な展開ができます。自社とその時の目的に合った展開をすると企業も学生も満足度は高くなります。

4 よいインターンシッププログラムのために

「よいインターンシッププログラム」の実施により近づくために、さらに一歩踏み込んで今までチェックリストなどで触れなかった観点について説明します。

(1) 企業の1番の魅力のコンテンツを活用する

初めての場合や、何を実施しようか迷った場合は、自社の1番の特徴を考えて、それを実現するためのインターンシッププログラムを考えます。名物社長であれば、社長に登場いただく形ですし、ヒット商品があるならば商品に関連した内容などが該当します。

(2) 小さくはじめて改善を繰り返す

初回は、シートとリストとポイントを全部網羅するのは困難で、荷が重いと感じるかもしれません。その場合は、できることから1つずつ進めてもよいと思います。まずは、一歩踏み出し挑戦することが大切です。全部完璧にするのではなくて、実行・実践して、改善を重ねることが重要です。社内でインターンシップへの協力体制が構築されていない場合や、理解が不十分な場合は、まずは実践し、関係者に関与してもらいながら、理解を深めることが重要です。若者の頑張る姿に触れると、今まで否定的だった人が協力的に変化する場合もあります。

(3) 学生との長期的な「信頼関係」の構築

目先のエントリーや、目先の採用に囚われすぎないことが、結果として企業にとって有益な結果になることもあります。ぐいぐい迫りすぎるのではなく、1人の学生に向き合い、成長をサポートし、最高の職業体験を提供することです。この体験が学生にとって特別で一生忘れない印象的な時間になれば、超長期的に会社や担当者との関係が発生し、「信頼」が生まれます。

(4) 座談会など社員を知る機会を設けること

企業の課題やプロジェクトのみに学生が没頭すると、終了後に企業のことや社員のことを知らないまま終わる危険性もあります。時折ランチでの交流や休憩を兼ねて、社員と座談会や雑談に近いフランクな情報交換やおしゃべりの場を設けることも有益です。おしゃべりばかりでもいけませんが、双方の理解度を高める上では重要であり、意図して設計する必要があります。オープンマインドで、社員側が自分もさらけ出しながら、相手を支援する姿勢を持つことが大事です。

(5) 事例の共有

インターンシップは、大学での取り組みの好事例や表彰制度が行われています。よりよいインターンシッププログラムに向けて、企業や大学などの動機づけにもつながります。そのなかで、前提条件や評価基準が提示され、品質が保証されよりよいプログラムが生まれます。

また、インターンシップにおける失敗事例を共有することは、リスク低減につながります。不満足の学生を減らすためには満足度の高い他の事例を真似することより、他社の事例などでの細かな運営側の失敗や、学生からの不満足の声は宝の山となります。ただし、一般的に、失敗事例が社内で共有されているケースも少なく、さらに社外に共有されることはあまりありません。そこで、自社オリジナルのチェックリストを策定し、改善を重ねることや、マニュアル化を進めることから始めましょう。多種多様なインターンシッププログラムでは、多種多様な失敗事例が存在します。ゆくゆくは企業を越えて、同じ業種や、地域間で協力し、失敗から学び、要素を共有化する取り組みを構築することがよりよいインターンシップの拡充・拡大のためには重要です。大学や協議会などが企業の事例共有や勉強会などの旗振りをするのも有益だと考えられます。

コラム 18

大学のインターンシップ表彰制度

大学等のインターンシップを表彰する制度があります。これは文部科学省が平成30年からスタートしたもので、名称を「大学等におけるインターンシップ表彰」と言います。目的は「学生の能力伸長に寄与するなどの高い教育的効果を発揮しており、他の大学等や企業に普及するのに相応しいモデルとなり得るインターンシップを、グッドプラクティスとして表彰し、その成果を広く普及することを目的とする（資料より抜粋)」で、平成30年度は全国から8校の大学等が、令和元年度は5校が表彰されています。

平成30年度受賞校一覧

	大学等名	科目名
最優秀賞	山形大学	フィールドワーク　山形の企業の魅力
特別賞	恵泉女学園大学	フィールドスタディⅡ～Ⅴ
優秀賞	長岡技術科学大学	実務訓練
優秀賞	大阪大学	物質科学国内研修1
優秀賞	亜細亜大学	海外ビジネス　インターンシップ（AUCP）
優秀賞	東京工科大学	各種コーオプ演習
優秀賞	湘北短期大学	春季インターンシップ（短期）・（長期）
優秀賞	仙台高等専門学校	インターンシップB

令和元年度受賞校一覧

	大学等名	科目名
最優秀賞	新潟大学	フィールドスタディーズ
優秀賞	跡見学園女子大学	インターンシップ
優秀賞	甲南大学	BP（ビジネス・プロフェッション） インターンシップⅠ・Ⅱ・Ⅲ
優秀賞	宮崎大学	国内インターンシップ
選考委員会特別賞	大阪府立大学	イノベーション創出型研究者養成Ⅲ（TECⅢ）

5 ポイント

最後に、改めて、チェックリストのポイントを説明します。

（1）設計

Point 1 「設計」「募集」「実施」「総括」の4ステップ

「実施」前の「設計」がカギ。内容をきちんと伝え、実施後に振り返り、改善を続け、自社にとってオリジナルのプログラムを作り上げる

Point 2 企業の戦略・課題と採用戦略との整合性

企業の置かれている環境を踏まえた戦略や課題を整理し、採用戦略・人材育成計画を検討する

Point 3 目的を明確にする

企業の戦略・課題と採用戦略・人材育成計画を踏まえて、目的を社内で合意形成・共有してから、プログラムを検討する

Point 4 学生ニーズを想定する

目的を踏まえて、参加する学生ターゲットを設定し、ターゲットニーズを想定した上で、プログラムを検討する

Point 5 インターンシップの目的と学生ニーズの合致

目的が、学生ニーズを踏まえたものになっているか再検討し、必要に応じて調整・修正する

Point 6 スケジュール表の作成

プログラムの計画表・日程表・役割分担を事前に完成させて、関係者で共有する

Point 7 プロジェクトシートの作成

プロジェクトシートとしてまとめて、見える化してからプロジェクトをスタートする

良いインターンシッププログラムを実施するためには、いきなりプログラムを実施するのではなく、設計を重視することがカギとなります。企業の置かれている外部環境や、自社の戦略、課題を踏まえ、採用戦略や人材育成計画を考慮し、インターンシップの目的を設定します。インターンシップの目的を社内で合意形成することが大切です。その上で、参加する学生ニーズを想定します。若手社員や内定者などとの意見交換を含めて検討することも有益です。また、インターンシップ実施後に学生の様子を捉えて、再修正することも大切です。学生の理解を高めることもインターンシップの派生的な効果になります。その後に、ターゲット学生のニーズと、インターンシップの目的が合致しているかを検討します。合致しない場合は修正します。

インターンシップの目的が定められたら、実際のプロジェクトを検討します。社内の制約条件も踏まえながら、全体の日程表や役割分担を考慮したシートの作成が必要で、社内の関係者や参加学生に対して共有することが必要です。さらに、上記をまとめて、プロジェクトシートを作成します。1枚のシートにまとめることで、整合性がとれていない部分があれば明らかになり、発見された点は修正します。大切なのは、シートを保存しておき、実施後には改善点があれば修正し、社内の関係者で共有する仕組みを作ることです。プロジェクトシートが事後の振り返りや改善促進する効果を生みます。

(2) 募集

Point 8　広報

プログラムの特徴を正確にわかりやすく学生に伝える

Point 9　企画書の作成

概要を企画書にまとめて社内で共有する。社内の関係者への共有と次回以降の継続・発展につなげる

学生募集に関連する広報は重要です。多くの人に対してアプローチできれば好ましいのですが、予算などの制約もあると思います。ターゲット学生に届く媒体を選択することや、自社のHPで情報発信を行う工夫などを推奨します。募集時にインターンシップの品質を高めるためには、プログラム内容を正確に、わかりやすく伝えることです。学生の事前の認識と、実際のプログラムの内容が合致することにより、学生・企業双方の満足度が高くなります。したがって、プログラムの内容に加えて、インターンシップの目的や、参加によって得られる効果や、ターゲットとする学生について、明確に示すことが重要です。募集サイトには、募集要項などを策定することに加え、社員の声や参加者の声などを載せて、具体的なイメージが湧くような工夫をしましょう。そして、設計と募集をまとめて、企画書を作成します。企画書を社内の関係者で共有した上で、実施することが重要です。

(3) 実施

Point 10　イントロダクション・ガイダンスの重要性

プログラムの冒頭の説明が、学生の参加意欲向上や理解度向上の成功のカギとなる

Point 11　学生個人の成長フォロー

事前に学生個人の自己分析や課題・目標と、発表会の実施や振り返り・フィードバックの実施により学生の成長をサポート

Point 12　学生が取り組むプロジェクトのフォロー

報告・相談・連絡や、日誌の作成、困ったときの相談体制などを整備し、プロジェクト成功に向けたフォローの仕組みを作る

インターンシッププログラムを開始する時には、冒頭のイントロダクション、ガイダンスが成功のカギを握ります。学生が最初に企業の説明や、インターンシップの目的を理解した状態を作ることが大切です。プログラムの内容は企業ごとに異なります。プログラム以外の共通要素と

して、学生個人の成長フォローと、プロジェクトのフォローが重要になります。

成長フォローとしては、イントロダクション・ガイダンスなどで、学生の自己理解を促進するためのワークショップや、学生の課題や目標を認識した上で、インターンシップに臨む状況を作ることを心がけましょう。その上で、最終的には発表会などの実施や、振り返りを実施し、学んだことと、今後の目標設定などを行うのがより効果的です。

プロジェクトのフォローの観点では、報告・連絡・相談を徹底できるような仕組みを作ることが大切です。日誌を活用することや、報告の機会を定期的に設けることや、困ったときに相談できる体制の整備も重要です。

(4) 総括

Point 13 アンケートなどの実施

改善のために、参加学生の感想・声・実態を把握する仕組みを作る

Point 14 総括

担当者や関係者、学生の声や活動の様子を観察し、総合的に全体を振り返り、次回に向けた改善案を検討する。
改善によってオリジナルのインターンシッププログラムへと進化させる

Point 15 チェックリスト

本書のチェックリストを活用し、品質向上につなげる。
自社の独自のインターンシップの品質基準リストを策定し、洗練された独自のプログラムに進化させる

やりっぱなしのインターンシップで終わらせないことが重要です。学生に対するアンケートや、学生の様子を観察し、学生が本音でどう感じていたか把握することが必要です。人事担当者を中心に、関係者で協議する機会を持ち、改善すべき点は改善することが大切です。プロジェクトシートを見直すことや、チェックリストに留意点を追記することなど

が有益です。

改善を重ねることによって、千差万別のインターンシッププログラムのなかで、自社にとって独自のよいインターンシップが構築されます。また、チェックリストを活用して、総括により改善することで、自社のインターンシッププログラムが、他社では真似できない独自のものとなり、学生にとってきめ細やかで洗練された「よいインターンシッププログラム」に進化することが期待されます。

(5)　15のシート

以下の15のシートのダウンロードサービスを用意しました（10頁）。特に5のプロジェクトシートが重要ですが、「設計」の観点では1から4のシート、「募集」の観点では6から8のシート、「実施」の観点では9から12のシート、「総括」の観点では13から15のシートを主に活用します。

企業内でプログラム作成に使用するのは1から8と、14、15になります。学生への配布用として使用するのは9から13になります。

1．企業の戦略策定シート
2．想定学生シート
3．目的選定シート
4．スケジュールシート
5．プロジェクトシート
6．広報戦略シート
7．広報詳細シート
8．企画書シート
9．学生の目標設定シート
10. 日報シート
11. 学生の能力チェックシート
12. 学生の振り返りシート
13. アンケートシート
14. 全体の振り返りシート
15. 報告書シート

15のポイントと、15のシートと、124、125頁の50のチェックリストを融合することで、学生が満足する学びの効果があるインターンシップで、企業にとっても目的を果たすことができるWin-Winの独自のプログラムが推進されることを願います。

コラム 19

インターンシップの早期化

大学1年生からインターンシップに参加し、2年生の夏休みには5回目のインターンシップで内定を取得する——こんな学生が多く出現する日も来るかもしれません。

これは問題でしょうか？

学生に触れる中で感じたのは、1年生の最初のタイミングがポイントで、そこで変化・刺激・挑戦を起こさない学生は、その後は就職活動の直前まであまり変化が起きないことが多いということです。

学生が学外に飛び出して、刺激を受けて、また大学に戻ってきて、学内での学修意欲を向上させることを繰り返して、充実した大学生活に望むことが期待されます。

産学連携による企業との協働教育など、学生が社会との接点を持ち、社会人と触れ、段階を踏み、社会との接続を行うことが理想です。いまは就職活動を中心にインターンシップが行われますが、これが正しい姿なのか考えることも1つ大切な視点です。学生は自分の力でSNSでの発信や、行動を実施し、自主的に社会との接続ができるように変化してきています。

企業側も有効活用することで、自社で学生と直接のマッチングができるようになってきました。

情報や接点はある方がいいし、経験を踏まえて、新たな目標を設定し、それに向けた努力を重ねて、成長し続けることが、学生に限らず社会人においても大切です。そう考えると、早期のインターンシップは重要な位置づけになると思います。インターンシップが日常の通常になる。いつでもどこでもインターンシップが参加可能になる日が来るのでしょうか。インターンシップのマニュアル本を書きながらも、インターンシップだけにこだわる必要はないかもしれないと感じています。

コラム **20**

未来のインターンシップ

現在の当たり前は、10年後20年後では、当たり前ではない。そんな時代がやってきています。大学卒業時点で憧れていた企業のなかでも、合併や倒産しているところもあります。そして、新たな企業が生まれるなど、大きな変化がありました。

学生にとっては、いま知らない会社が10年後には有名な会社や入りたい会社になっているかもしれません。この流れは今後も加速し続けることでしょう。働き方や、働く地域に関する価値観も大きく変化しました。企業も従業員との関係性も大きく変わる時代が近づいてきていると思います。ソーシャルイノベーション、オープンイノベーションを実現するのが当たり前の時代が到来し、企業内の閉ざされた空間にいるだけでは、個人としての成長が限界になる状態が訪れるかもしれません。「枠」を取り払い、越境・協働し、共存共栄が求められています。

少子高齢化時代においては、若者に対する期待は大きく、希少な存在になります。若者の価値観に触れることがより重要になるかもしれません。テクノロジーが進化し、それらを幼少期から自然と活用し続ける今の子どもたちが大人になる時代は、現時点の世のなかの常識が非常識になっている可能性があります。最近の若者とのコミュニケーションがうまくいかないという企業の方の声を聞くことがあります。もちろん学生から社会人に移行するステップの中で成長・変化・順応しなければならない点も多くあります。ただし、これらの時代の変化を考えた場合は、むしろ社会人側が時代の変化に適応できておらず、企業の冠がなくなった瞬間に何もできない、市場価値が全くない状況に陥るリスクも抱えてます。本書では社会人の方々に対するメッセージを出すことが目的ではありません。ただし、インターンシップは、若者と協働する経験値を得られる点で、このような事態を避ける企業の「学びの場」であり、お金では買えないような有益なものとなるでしょう。

用語説明

ICEルーブリック

ICE（アイス）モデルとは、カナダで開発・実践されてきた評価モデルで、IはIdeas（基礎知識）、CはConnections（つながり）、EはExtensions（応用）を意味する。ICEルーブリックとも呼ばれる。土持ゲーリー法一氏が日本におけるICEモデル普及の第一人者であり主体的な学びを促進させるための有効なツールの1つ。

青田買い

稲が青いうちに収穫量を見越して田んぼの米を買い取ることだが、学生の採用に関連して、卒業前の在学中の学生に対して、就職活動などの開始前の早い段階から内定などを通知して囲い込むことを指す。低学年でインターンシップに参加したりアルバイトなどで接点を有する優秀な学生に対して実施されることもある。

アクティブラーニング

教員による一方向的な講義形式の教育とは異なり、学修者の能動的な学修への参加を取り入れた教授・学習法の総称。学修者が能動的に学修することによって、認知的、倫理的、社会的能力、教養、知識、経験を含めた汎用的能力の育成を図る。発見学習、問題解決学習、体験学習、調査学習等が含まれるが、教室内でのグループ・ディスカッション、ディベート、グループ・ワーク等も有効なアクティブラーニングの方法である。

SDGs

Sustainable Development Goalsの略。持続可能な開発目標。17のゴール・169のターゲットから構成され、地球上の「誰1人取り残さない（leave no one behind）」ことを誓う。2001年に策定されたミレニアム開発目標（MDGs）の後継として、2015年9月の国連サミットで採択された「持続可能な開発のための2030アジェンダ」にて記載された2030年までに持続可能でよりよい世界を目指す国際目標。

NPO

民間非営利団体（Non-Profit Organiation）の略。一般に「営利を目的としない民間組織（民間非営利組織）」の総称として用いられる。特に、市民が行う社会貢献活動を促進するという観点から、NPOを「市民が主体となって継続的、自発的に社会貢献活動を行う、営利を目的としない団体で、特定非営利活動法人（NPO法人）及び市民活動団体やボランティア団体などの任意団体」と定義。なお、宗教活動・政治活動を主たる目的とするものや選挙活動を目的とするものなどはNPOから除外する。

エントリーシート

企業の選考を受けるにあたって、履歴書などの個人情報と合わせて提出する応募書類の1つ。学生時代に頑張ったこと、自己PRや、志望動機などの記載事項が、応募する企業ごとに定められる。インターンシップの応募に設定されることもある。

OJT

On-the-Job Trainingの略。職場で実務を通して行われる従業員の教育訓練。対する概念としてOff-JT（Off-the-Job Training）がある。Off-JTは社外で現実に即した実務教育で、職業訓練施設や社会人大学院などの教育訓練のこと。

オープンイノベーション

オープンイノベーションは、組織内部のイノベーションを促進するために、企業の内部と外部の技術やアイデアの流動性を高めて、組織内で創出されたイノベーションをさらに組織外に展開するモデル。

会社訪問/OB・OG訪問

会社訪問は実際に職場を訪ねて企業で働くための理解を深める活動のこと。OB・OG訪問は、大学や部活動・サークルなどの先輩社員を訪ねるもの。大学がOB・OGの名簿を管理し、希望学生に斡旋する場合や、企業側でも門戸を開いている場合などもある。一般的には、採用活動などとは別に実施される。

キャリアオーナーシップ

個人1人ひとりが、自らのキャリアをどうありたいかを考え、どのように実現していくかを意識して、主体的に行動する考え方。「人生100年時代の社会人基礎力」のなかで、一生の間で学びと実践を繰り返す時代が到来する状況の中で今後求められるキャリア形成の考え方として提示されている。

キャリア教育

「一人一人の社会的・職業的自立に向け、必要な基盤となる能力や態度を育てることを通して、キャリア発達を促す教育」（中央教育審議会の答申（2011年））と定義される。キャリア教育は、特定の活動や指導方法に限定されるものではなく、様々な教育活動を通して実践される。

クォーター制

クォーター制とは、1年間を4つの学期に分けて授業をするシステム。日本の大学が取り入れている学期制は、「2学期制（セメスター制）」「3学期制（トリメスター制）」がある。同様にクォーター制を採用している海外の大学への留学や、当該期間に集中的にインターンシップなどに取り組むことが可能となる利点がある。

クラウドファンディング

「必ずしも明確な定義がなされているわけではないが、インターネットを通じて多数の資金提供者を集め、投資や寄付などの形態で小口資金を資金調達者に提供する仕組み」(松尾順介、2014)で、購入型、寄付型、金融型などに分類される。

経団連

「日本経済団体連合会」が正式名称。産業界・民間企業を代表して、「採用選考指針」などを取りまとめて、大学の教育、就職活動の両立のために指針を定めている。指針では、広報活動の時期や選考活動の時期を定めてきた。ただし、自主規定であることと、罰則規定もなく、経団連に加盟しない企業は対象外。

合同企業説明会

就職活動の一環として実施されるもの。合同企業説明会は、1つの会場にブースが設置され、集まった学生に対して、会社概要や事業内容などについて説明を行う。インターネット上のオンラインで実施することも増えている。インターンシップに関する合同でのマッチングイベントなども開催される。

コーオプ教育

「教室での学習と学生の学問上・職業上の目標に関係する分野での有益な職業体験を統合する、組織化された教育戦略である。これにより理論と実践を結び付ける斬新な経験を提供する。コーオプ教育は学生、教育機関、雇用主間の連携活動であり、当事者それぞれが固有の責任を負う」と定義される(全米コーオプ教育委員会(The National Commission for Co-operative Education))。

コーディネーター

インターンシップに参加を希望する学生あるいは大学と、インターンシップの実施を希望する企業を結びつける役割の人物あるいは団体。NPO法人ETIC.やNPO法人G-netなどが日本のインターンシップのコーディネート団体としては黎明期から活動しており、チャレンジコミュニティと呼ばれる全国の団体のネットワークを有し、地域企業と学生とのインターンシップのマッチングに向けて研鑽を続けている。

コンソーシアム

個別に実施すると手間や費用などがかかる内容について、共同で行うための組織のこと。大学間が連携したり、企業が連携したり、自治体や団体などが実施する場合もあり、全国各地でインターンシップのコンソーシアムが存在する。企業との連携、マッチングや事前学習や事後の発表会を共同で実施することもある。

産学連携・産官学連携

新技術の研究開発や、新事業の創出を目的として、大学などの教育機関と民間企業が連携する取り組みのこと。国や地方公共団体などが加わる場合は「産官学連携」「産学官連携」と呼ばれる。

3省合意

平成9年に、現在の文部科学省、厚生労働省、経済産業省の3省が「インターンシップの推進に当たっての基本的考え方」を示したもの。インターンシップが政策から教育へ還元された内容であり、インターンシップの定義として「学生が在学中に自らの専攻、将来のキャリアに関連した就業体験を行うこと」が広く浸透している。

CSR

Corporate Social Responsibilityの略。企業の社会的責任。企業が社会や環境と共存し、持続可能な成長を図るため、その活動の影響について責任をとる企業行動。企業を取り巻く様々なステークホルダーからの信頼を得るための企業のあり方。

CSV

Creating Shared Valuesの略。共通価値の創造。マイケル・ポーター教授らによると、「企業が事業を営む地域社会や経済環境を改善しながら、自らの競争力を高める方針とその実行」と定義される。

COC＋事業

「地（知）の拠点大学による地方創生推進事業（COC+）」は、平成25年度から「地域のための大学」として、各大学の強みを生かしつつ、大学の機能別分化を推進し、地域再生・活性化の拠点となる大学の形成に取り組んできた「地（知）の拠点整備事業（大学COC事業）」を発展させて、地方公共団体や企業等と協働して、学生にとって魅力ある就職先の創出をするとともに、その地域が求める人材を養成するために必要な教育カリキュラムの改革を断行する大学の取組を支援することを目的とした取り組み。

事前学習・事後学習

インターンシップの教育効果が認められるプログラムとして、就業体験を伴うことなどに加えて、事前に学生の自己理解や、企業研究や、目標設定を実施し、就業体験を伴うプログラムを実施し、その後事後学習として、体験した内容を振り返り発表会を実施することなどが、推奨されている。

実践型インターンシップ

長期間、地域企業などに対して、企業の課題解決や新規事業の企画などに取り組む実践型のインターンシッププログラム。コーディネート機関が実施する事例も多いが、大学での取り組みも存在する。

実務家教員

文部科学省によると、専攻分野における実務の経験を有し、かつ、高度の実務の能力を有するものと定義されている。概ね5年以上の実務の経験が示されている。特にインターンシップにおいては、社会と大学との接続にあたって、実務家教員が重要な役割を果たすことが期待されている。専門職大学においては、必要専任教員の概ね4割以上が実務家教員と規定されている。

職業教育

「一定又は特定の職業に従事するために必要な知識、技能、能力や態度を育てる教育」(中央教育審議会の答申（2011年）) と定義される。社会が変化する時代には、特定の専門的な知識・技能の育成とともに、将来にわたって対応する、社会的・職業的自立に向けて必要な基盤となる能力や態度の育成も重要で、具体的な職業に関する教育を通して育成することが有効。

ジョブ型雇用

職務内容や責任の範囲、労働時間、勤務地などを明示した職務記述書（ジョブ・ディスクリプション）に基づく雇用体系で、仕事に対して人を割り当てる考え方。特定のスキルを生かしたキャリア形成に適合する雇用体系で、今後日本に浸透することが期待される一方で、導入への課題も多く存在する。

ジョブシャドーイング

「学生・生徒が、さまざまな企業・組織の社員に1日同行し、どのような仕事をしているかを体感すること」であり、インターンシップの前段階としてアメリカでは定着している若年層向けの職業教育。

専門職大学

深く専門の学芸を教授研究し、専門性が求められる職業を担うために必要な実践的かつ応用的な能力を展開（育成）させることを目的とし、2017年より新設された制度。4年生大学の場合、600時間以上の実務実習、3分の1以上が実習、40人以下の少人数教育、教員の4割以上が実務家教員などが規定されている。

ソーシャルイノベーション

ソーシャルイノベーションの定義は様々であるが、「社会的課題の解決に取り組むビジネスを通して、新しい社会的価値を創出し、経済的・社会的成果をもたらす革新」(谷本ほか、2013) や、「ある地域や組織において構築されている人々の相互関係を、新たな価値観によって革新していく動き」(野中ほか、2014) などで説明される。

地方創生インターンシップ

東京一極集中を解消することを目的として、インターンシップにおいても、東京圏(東京都、埼玉県、千葉県、神奈川県) 在住の地方出身学生等の地方還流や、地方在住学生の定着を促進することを目的に、地方企業のインターンシップの実施等を産官学を挙げて支援するべく実施している取り組み。

中小企業家同友会・経済同友会

中小企業家同友会は県単位で大学などと連携したインターンシッププログラムを実施している。また、経済同友会はインターンシップ推進協会を設立し、高校生・大学生のインターンシップ受け入れを組織的に実施している。

長期インターンシップ

明確な期間の基準は定められていないが、1ヶ月や3ヶ月以上のインターンシップ を一般的には長期インターンシップと呼ぶ。中長期のインターンシッププログラムが教育効果が認められることから推奨される一方で、企業側の負担や、学生が単位化されていない大学に所属する場合は、スケジュール調整が困難であることも課題となる。

低年次インターンシップ

インターンシップは3年生に向けたものが最も参加数が多いが、大学入学後、社会を知り、社会で働くことを知ることを主な目的として実施される1年生・2年生向けのインターンシップを指す。近年少しずつ増加してきている。その後、大学での学習意欲の増加や、社会で働くための目標が定まることで、その後の大学生活を目的を持った行動につながることが期待される。

内々定

企業側からの採用予定通知であり、新卒採用で用いられる。正式な内定の前に内々定通知を出すことで、採用面接の合格を伝える。内々定は正式な労働契約を締結するものではなく、法的な拘束力は発生しない。「内定」は、「始期付解約権留保付労働契約」となり労働契約が成立した状態となる。

日本インターンシップ学会

平成11年に設立された、日本で唯一の「インターンシップ」の名称を有する日本学術会議協力学術研究団体。インターンシップを学校教育の一環として捉え、産学関係者の高い倫理と道義のもとにインターンシップが健全に発展、普及を目的とする。

日本学生支援機構

文部科学省が平成28年6月に「インターンシップの推進等に関する調査研究協力者会議」を立ち上げ、平成29年6月に議論のとりまとめを行い、平成29年度より「大学等におけるインターンシップの届出制度」を新設した。その届出大学一覧や、模範事例については当該団体のHPで開示されている。また、大学におけるインターンシップ専門人材セミナーを実施する。

フューチャーセンター

欧州が発祥といわれ、所属組織や立場の異なる多様な人が集まり、未来に向けて対話を重ねることによって、従来では複雑化した課題の解決が困難であるが、新たな発想やアイデアで、課題解決を目指す協働の取り組み、もしくはその取り組みを支える施設を指す。

ブラック企業

「ブラック企業」について、明確な定義は示されていないが、一般的な特徴として、① 労働者に対し極端な長時間労働やノルマを課す、② 賃金不払残業やパワーハラスメントが横行するなど企業全体のコンプライアンス意識が低い、③ このような状況下で労働者に対し過度の選別を行う、などが挙げられる。

ポートフォリオ

学生が、学修過程ならびに各種の学修成果を長期にわたって収集し記録したもの。必要に応じて系統的に選択し、学修過程を含めて到達度を評価し、次に取り組むべき課題を見つけてステップアップを図るという、学生自身の自己省察を可能とすることにより、自律的な学修をより深化させることを目的とする。従来の到達度評価では測定できない個人能力の質的評価を行うことが意図されているとともに、教員や大学が、組織としての教育の成果を評価する場合にも利用される。

母集団形成

新卒採用においては、自社で採用する候補の学生を集めることを指す。具体的には、自社の求める人物像に対して、ターゲットとなる学生層にアプローチを行い、その結果として説明会や選考、エントリーする人などを指す。

メンバーシップ型雇用

日本特有の年功序列や終身雇用を前提として、職務や勤務地を限定しない形で、日本の大企業や総合職に多く見られる雇用体系。

ラーニングポートフォリオ

ラーニング・ポートフォリオは、どのようにしてその考え方に至ったかの学習プロセスを振り返り、客観的な証拠資料によって裏付けされた、自らの主観に基づくドキュメントを指す。書き出して内省（リフレクション）することによって、経験を振り返り、今後の学習意欲の向上や計画策定に役立たせる効果がある。

リフレクション（内省）

個人が日々の業務からいったん離れ、経験を「振り返る」ことを指す。出来事の真意を探り、自分のあり方を見つめ直すことで、未来に同じ状況に直面した際の対処する「知」を見出す方法論。

ルーブリック

米国で開発された学修評価の基準の作成方法であり、評価水準である「尺度」と、尺度を満たした場合の「特徴の記述」で構成される。記述により達成水準等が明確化されることにより、他の手段では困難な、パフォーマンス等の定性的な評価に向くとされ、評価者・被評価者の認識の共有、複数の評価者による評価の標準化等のメリットがある。

1dayインターンシップ

近年急速に増加してきた取り組みの1つ。就業体験を実施するものではなく、単なる会社説明会を実施する場合もあり、社会問題として取り上げられている。学生からの満足度が低い場合も多く、2019年用に大学と経団連で設置した「採用と大学教育の未来に関する産学協議会」の報告書では、1dayインターンシップは、インターンシップの名称を使わないことで合意された。

参考文献

石山恒貴（2018）『越境的学習のメカニズム―実践共同体を往還しキャリア構築するナレッジ・ブローカーの実像』福村出版

今永典秀（2017）「市民活動における地域の価値創出について―名古屋地区の市民活動団体事例によるトポスデザインの考察」地域デザイン学会誌 10、pp.107-126

今永典秀（2020）「岐阜県老舗企業による価値共創インターンシップ」社会デザイン学会学会誌 11、pp.76-84

今永典秀（2020）「地場産業におけるクラウドファンディング活用による効果―岐阜県関市の刃物産業における商品開発事例」日本中小企業学会論集 39（同友館）、pp.185-198

今永典秀（2020）「社外のプロボノを活用した地域の中小企業の価値創造プロジェクト―NPO法人G-netによるふるさと兼業の事例より」地域活性学会 13、pp.41-50

今永典秀（2021）「協働・共創による外部資源を活用した実践経営」矢野昌彦、今永典秀他5名『経営専門職入門』日科技連出版社

今永典秀、松林康博、益川浩一（2019）「産学金連携による地域創生の取り組みと地域デザインについて」地域デザイン学会誌 13、pp.193-213

今永典秀、松林康博、益川浩一（2019）「統計調査に関する官学連携インターンシップの考察―岐阜大学次世代地域リーダー育成プログラムにおける協働教育を事例に」地域活性研究 11、pp.61-70

今永典秀、松林康博、後藤誠一、益川浩一（2019）「産学金官連携による産業人材育成のための教育プログラムに関する考察―岐阜大学地域協学センターによる次世代地域リーダー育成プログラム産業リーダーコースを事例に」岐阜大学教育推進・学生支援機構年報 5、pp.65-77

鵜飼宏成（2010）「アントレプレナーシップ教育における支援者機能の一考察」経営管理研究所紀要 17、pp.11-21

嵯峨生馬（2011）『プロボノ―新しい社会貢献 新しい働き方』勁草書房

門間由記子（2017）「中小企業におけるインターンシップ導入の課題―いしかわインターンシップを事例として」インターンシップ研究年報 20、pp.19-24

金井壽宏（2002）『働くひとのためのキャリア・デザイン』PHP研究所

経済産業省（2014）「成長する企業のためのインターンシップ活用ガイド」 https://www.meti.go.jp/policy/economy/jinzai/intern/guidebook-all.pdf 2021.01.11アクセス

経済産業省（2015）「教育的効果の高いインターンシップ実践のためのコーディネーターガイドブック」https://www.meti.go.jp/policy/economy/jinzai/intern/H25_Coordinator_Guidebook_Internship.pdf 2021.01.11アクセス

経済同友会（2015）「これからの企業・社会が求める人材像と大学への期待～個人の資質能力を高め、組織を活かした競争力向上～」
https://www.doyukai-internship.or.jp/pdf/internship_text.pdf
2021.01.11アクセス
経済産業省（2017）「兼業・副業を通じた創業・新事業創出に関する調査業務研究会提言―パラレルキャリア・ジャパンを目指して」
https://www.chusho.meti.go.jp/koukai/kenkyukai/hukugyo/2017/170330hukugyoteigen.pdf
2020.01.10アクセス
亀野淳（2009）「体験型インターンシップの役割の再検証と仮説の設定・検証による向上効果」インターンシップ研究年報 12、pp.17-24
亀野淳（2017）「大学生のジェネリックスキルと成績や就職との関連に関する実証的研究―北海道大学生に対する調査結果を事例として」高等教育ジャーナル: 高等教育と生涯学習 24、pp.137-144
古関博美編著（2015）『インターンシップ 第2版―キャリア形成に資する就業体験』学文社
坂爪洋美、梅崎修、初見康行（2020）「インターンシップでの社会人との関わりが大学生のキャリア探索に与える影響―A 社のインターンシップ参加学生への事前・事後調査を通じた分析」キャリアデザイン研究 16、pp.47-60
谷本寛治、大室悦賀、大平修司、土肥将敦、古村公久（2013）『ソーシャル・イノベーションの創出と普及』NTT 出版
寺岡寛（2018）『中小企業の経営社会学―もうひとつの中小企業論』信山社
寺岡寛（2019）『小さな企業の大きな物語―もうひとつのエコシステム論』信山社
中原淳（2010）『職場学習論―仕事の学びを科学する』東京大学出版会
中原淳（2021）『経営学習論　増補新装版―人材育成を科学する』東京大学出版会
中西善信（2018）『知識移転のダイナミズム―実践コミュニティは国境を越えて』白桃書房
野中郁次郎、廣瀬文乃、平田透（2014）『実践ソーシャルイノベーション―知を価値に変えたコミュニティ・企業・NPO』千倉書房
服部泰宏（2016）『採用学』新潮選書
初見康行、梅崎修、坂爪洋美（2020）「大学生のインターンシップ効果の検証―インターンシップの 5 つの効果とパネルデータを用いた分析」キャリアデザイン研究 16、pp.33-46.
見舘好隆（2017）「インターンシップによるキャリア育成の効果」中原淳編『人材開発研究大全』東京大学出版会、pp.143-175
見舘好隆、関口倫紀（2014）「インターンシップがキャリア育成にもたらす効果とその規定要因」経営行動科学学会年次大会:発表論文集 17、pp.53-58

文部科学省、厚生労働省、経済産業省（1997）「インターンシップの推進に当たっての基本的考え方」
https://www.meti.go.jp/policy/economy/jinzai/intern/sanshou_kangaekata.pdf
2021.01.11アクセス
文部科学省（2017）「インターンシップの更なる充実に向けて　議論の取りまとめ」
http://www.mext.go.jp/b_menu/shingi/chousa/koutou/076/gaiyou/__icsFiles/afieldfile/2017/06/16/1386864_001_1.pdf　2021.01.11アクセス
文部科学省（2020）「令和元年度 大学等におけるインターンシップ実施状況について」
https://www.mext.go.jp/content/20201204-mxt_senmon01-000010706_01.pdf
2021.01.10アクセス
野村恭彦（2012）『フューチャーセンターをつくろう—対話をイノベーションにつなげる仕組み』プレジデント社
松尾順介（2014）「クラウドファンディングと地域再生」証券経済研究、88、pp.17-39
リクルートキャリア 就職みらい研究所（2020）「就職白書2020」
https://data.recruitcareer.co.jp/wp-content/uploads/2020/06/hakusyo2020_01-48_up-1.pdf
2021.01.10アクセス

さらに理解を深めたい人へ——書籍の紹介

・『インターンシップ 第2版—キャリア形成に資する就業体験』古閑博美編著（2015）学文社

キャリア教育とインターンシップとの関係性や、学生がインターンシップに望む場合の事前学習の詳細に触れられています。インターンシップに関連してさらに詳しく経緯や内容を知りたい方にお勧めします。

・『マーケティング実践テキスト—基本技術からデジタルマーケティングまで』池上重輔編著（2020）日本能率協会マネジメントセンター

インターンシップの広報戦略の立案と実践の観点で、マーケティングに関する基本と実践についての参考テキストとしてお勧めします。

・『働くひとのためのキャリア・デザイン』金井壽宏（2002）PHP研究所

キャリアとは何か、キャリアデザインの意味や意義について、学生時代、就職活動時、社会人になってからの視点で記載されています。社会人読者自身のキャリア形成のヒントにもなり、インターンシップを通した学生へ、将来のキャリアデザインの観点をインターンシッププログラムへ加える観点でも参考になると思います。

・『他者と働く—「わかりあえなさ」から始める組織論』宇田川元一（2019）NewsPicksパブリッシング

経営戦略論や組織論を専門とする経営学の研究者による書籍です。一方的に解決できない組織の複雑な問題や関係性を、対話とナラティヴ・アプローチに関連して説明されています。インターンシップを、社内で実施し、周囲・組織を巻き込む実践のなかで必要になるかもしれません。

・『社会で通用する持続可能なアクティブラーニング—ICEモデルが大学と社会をつなぐ』土持ゲーリー法一（2017）東信堂

個別の学生1人ひとりに向き合いながら成長を支援するためのツールの1つとして、ラーニングポートフォリオとICEモデルについては本書のコラムでも触れました。大学講義を設計する観点で記載されていますが、インターンシッププログラムや社内研修などの人材育成にも応用が可能だと思います。

・『ディープ・アクティブラーニング』松下佳代・京都大学高等教育研究開発推進センター　編著（2015）勁草書房

近年学校で取り入れられているアクティブラーニングに関連し、より質の高い、深さが重要であることなどが理論と実践の両面で触れられています。インターンシッププログラムをより教育効果を高めるための参考書籍の1つとして紹介します。

・『リフレクション入門』一般社団法人学び続ける教育者のための協会（REFLECT）編（2019）学文社

リフレクション・内省がどのようなもので、どんな形式で実施すればよいかがまとめられた入門本です。ワークショップなどの実践方法も記載されています。プログラム作成のなかでワークショップ作成の参考になるかもしれません。

・『採用学』服部泰宏（2016） 新潮選書

企業にとってインターンシップと切り離すことが困難な採用というテーマに関連し、採用活動を分析したものです。採用の歴史や採用プロセス、効果について多面的に触れられています。インターンシップを契機に自社の採用活動を見直す際の参考になるかもしれません。

おわりに

一般社団法人インターンシップ共創センター代表理事　野村尚克

「インターンシップとは何だと思いますか？」。本書を読み終えた皆さんは答えが出たでしょうか。それは読む前と変わったでしょうか。

本書は現代のインターンシップについて企業向けに書かれた初の書籍で、インターンシップに関わる3者の違いも解説した変わった本です。

私が大学生と関わるようになったのは2010年からです。東北の公立大学で授業を担当することになったのですが、その翌年に東日本大震災が発生しました。その大学は被災3県の１つにあり、学生の多くが直接・間接的に被害を受けました。私の専門は企業やNPOとの協働を手がける「ソーシャルプロデュース」と呼ばれるもので、そのような仕事をしている人はほとんどいなかったことから、以降は被災地で企業のCSR活動やNPOとの協働をいくつも手がけました。そのなかには3県の仮設住宅を周る外資系企業のCSR活動もあり、たくさんの被災された方たちとも交流しました。その活動はしばらく続きましたが、そうした被災地では他の企業の方たちともよく出会いました。いずれも名が知られた有名な企業の方たちで、その際にはお互いに情報交換をしていました。

また、地元の社会福祉協議会のボランティアセンターが主宰する勉強会に講師として呼ばれたこともあり、そこでも東京から支援に来ている大企業や、そして地元で頑張る中小企業の経営者と交流しました。こうした交流によって、企業とNPOという異なる組織の連携についての知見は深まりましたが、一方で悩みを抱えるようになります。

多くの企業は復興支援活動をCSRとして行いますが、もちろん全ての企業がしているわけではありません。企業には個別の事情があるので、参加しなくても非難されるべきものではありませんが、積極的に支援している企業が評価されないのは問題です。素晴らしい活動をしているのにそれが伝わっていない。これでは持続可能にはなりません。そのような悩みは現場で出会う多くの担当者たちも持っていて、しかし状況を知ったからには支援をしたい、しかしどうやって社内を説得すれば良いのかわからないと悩んでいました。

インターンシップもこれに似ています。大学からの求めに応じても、自社にリターンをもたらさなければ賛同されないでしょう。しかも、実施に当たっては他部署の協力が必要なので余計に難しい。しかし、そのような難しい立場にあることを大学や学生は理解していません。担当者は孤軍奮闘状態にあり、これでは持続可能なインターンシップはできません。

私がインターンシップと積極的に関わるようになったのは2017年からです。東北の活動が落ち着き、東京に戻って企業のCSRなどを手がけていた時に、当時大学生で社会起業をした学生から「Mirai Ship（ミライシップ）」の代表者を紹介されたのがきっかけです。Mirai Shipは大学1・2年生を対象とした教育型インターンシップのパイオニアで、代表は眞野目悠太さんという31歳（当時）の若者がやっていました。眞野目さんの仕事は人事コンサルティングと人材育成で、プロ野球選手を目指して福島県から中央大学に進学するもケガで叶わなくなり、卒業後は人の育成に携わる仕事をされていました。Mirai Shipを立ち上げたのは29歳の時で、未来を担う若者を育てることを理念にしていて私も共感。それからプログラム開発室室長に就任し、現在は学生のニーズ調査やプログラムの企画、大学との連携や研究などを担当しています。Mirai Shipは変化への対応が早い組織なのでどんどん進化し、現在では大学のインターンシップを依頼されたり、企業からの相談も多数受けるようになりました。

現在のインターンシップには問題があり、解決するにはまだ時間がかかるでしょう。しかし、解決させるためには他人任せにしないで、当事者意識を持った人や組織が必要です。そうした個の意識と行動が線となった時に一気に変革が進むのだと思います。今永さんも眞野目さんも30代。新しい時代のインターンシップはこうした若い人たちが創っていくように思いますが、年は取っても解決する気持ちを持った人のチカラも必要です。そうした想いを持った人たちが結集した時に新しいインターンシップが一気に拡がるのだと思います。その時が来ることを楽しみにしています。

名古屋産業大学現代ビジネス学部経営専門職学科准教授　今永典秀

私はインターンシップを核とした教育プログラムの立ち上げ人材なのかもしれないと、本書を記載しながら改めて感じています。大成功を遂げているわけでもないので、おこがましい限りですが、大学内でこのようなプロジェクトを0から1で広範囲にわたり、立ち上げる貴重な経験を積むことができたと思っています。

次世代地域リーダー育成プログラムでは、学生が段階的に実践するプログラムを構築しました。最終年度はのべ500人以上の学生が参加し、インターンシップの企業数・プロジェクト数も30を超え、期間や内容、難易度も異なる様々な内容を実施できたのは有益な経験でした。この経験から、ご縁をいただき、名古屋産業大学では、経営専門職学科の立ち上げに関与できました。

私自身のスタンスは、学生に指導するのではなく、学生の最大の支援者でありたいと思っています。個別に学生の特徴を掴み、適切な知識のインプットや、適切な助言を行います。学生の成長や目標の実現を第一に考え、実現のために有益なものを提供し続けたいと思っています。そのためには、学生が自己認識を深めるために問いかけを実施すること、チャレンジを応援し、背中を押すことが何より大切だと思います。また、自分自身も挑戦し続け、背中で示し、一目置かれるような存在でなければならないと思っております。芸能人やアイドルなどのマネージャーや制作プロデューサーでもあり、特には、相談役・コーチのような役割かもしれません。オープンマインドで接し、相手の立場に立って支援し続けることも大切だと思っています。

一方で、社会人と学生が協働するコミュニティーなど、多様な人が集まる「場」でイノベーションが生まれる要素に関心を持つようになりました。その1つとしてインターンシップを捉え、社会人のボランティアやプロボノの人材がプロジェクトを実践し、Win-Winの関係を構築することに関心を有しています。また、同時に若者や地域企業が地域イノベーションを生み出す場の実践を通して場づくりの理論化にも貢献したいと考えています。私自身もプロボノ・ボランティアとして多くのプロジェクトに関与し続けていますが、私にとっては、企業のアドバイザーやNPOの支援などに関与できること、学生の相談に乗ることなどが、すべて社会人インターンシップとして、自分の将来の財産になります。

本書は特に全社員と親密な関係のNPO法人G-netや、岐阜大学での同僚の松林康博氏をはじめ関係者の皆様、可能性を信じ指導・支援を続けていただいた岐阜大学の髙木朗義先生、出村嘉史先生、名古屋工業大学の秀島栄三先生、名古屋大学の船津静代先生など、多くの大学の先生、地域企業の方々、社会に出て活躍したいと考えて頑張る素敵な学生たちに恵まれたお陰です。キャリア支援に関連し船津先生をはじめ名大の就活サポーターの皆様、グロービス経営大学院で一緒に学んだ仲間の皆様、卒業プロジェクトでJALの事業再生の研究を実施したプロジェクトチームと森生明先生には、格別の感謝を申し上げます。

また、多くのインターンシップに関連した企業の方や研究者・教育者の方々との実践事例や、アドバイスを頂戴しました。特に、インターンシップの事例として厚生産業株式会社の里村俊介様、株式会社オールハーツ・カンパニー人事部の勝木誠様、株式会社秋田屋本店の中村浩康様、NPO法人G-netの従業員，関係企業の皆様、プログラムに関与した学生やNAGOYA × FOREVERの仲間の皆様には多大なるご助言を賜りました。心より感謝申し上げます。

最後になりましたが、インターンシップは、まだまだ今後も改善されていくものだと思います。この本に足りない部分もたくさんあると思います。将来羽ばたく学生に対して、学生の未来をみんなで作り上げるために、対話を重ね、よりよいものにすることが重要だと思います。

1人でも多くの人が、インターンシップを本気で実施し、若者の成長を応援することに携わることに喜びを感じ、その先に、学生にとっても、企業にとっても、大学などにとっても、Win-Winな関係が築けることを心から願いながら、私自身も実践を続けていきたいと思います。

◉プロフィール

野村尚克（のむら　なおかつ）　第1章、6章

一般社団法人インターンシップ共創センター　代表理事
Mirai Ship プログラム開発室 室長
立教大学大学院修了、筑波大学大学院退学、北海道出身・東京都在住

「グッドインターン」「インターン学歴」「三大ブラック問題」の名づけ親であり、企業・大学・NPO・行政・市民・学生といった異なるプレイヤーの協働を手がけるソーシャルプロデュースを専門とする。
一般社団法人インターンシップ共創センターでは代表理事としてインターンシップの新しいガイドラインの策定を統括し、Mirai Shipではプログラム開発室室長として大学との連携やプログラム開発などを行っている。
著書に『世界を救うショッピングガイド』（タイトル株式会社）、共著に『ソーシャル・プロダクト・マーケティング』（産業能率大学出版部）がある。

今永典秀（いまなが　のりひで）　第2章～5章

名古屋産業大学現代ビジネス学部経営専門職学科准教授
岐阜大学博士（工学）、愛知県出身・愛知県在住

名古屋大学経済学部卒業後、大手信託銀行へ就職。東京勤務となるが、地元に貢献したいとの想いから名古屋に本社のある大手自動車系不動産会社へUターン転職。経営企画部に所属しながら、ボランティアで社会人と学生が協働する団体「NAGOYA✕FOREVER」を立ち上げる。
その後、国立大学法人岐阜大学地域協学センターへ移り、特任助教としてCOC＋事業を担当。企業と学生の協働学習やインターンシップを数多く手がけた。
現職の名古屋産業大学では専門職大学・学科の新設プロジェクトに関与し、インターンシップのプロデュースを行う傍ら、企業やNPOのアドバイザーなどをつとめる。
著書に「協働・共創による外部資源を活用した実践経営」（『経営専門職入門』日科技連出版社）がある。

企業のためのインターンシップ実施マニュアル

2021年 4月 20日　　初版第1刷発行

著　者——野村尚克・今永典秀

発行者——張 士洛
発行所——日本能率協会マネジメントセンター
〒103-6009 東京都中央区日本橋 2-7-1　東京日本橋タワー
TEL 03(6362)4339(編集)／03(6362)4558(販売)
FAX 03(3272)8128(編集)／03(3272)8127(販売)
http://www.jmam.co.jp/

装　　丁——小口翔平＋三沢稜（tobufune）
本文DTP——株式会社森の印刷屋
印 刷 所——広研印刷株式会社
製 本 所——株式会社三森製本所

ISBN 978-4-8207-2876-4　C2034
落丁・乱丁はおとりかえします。
PRINTED IN JAPAN